美ら海水族館動物健康管理室。

This is O
Aquariu
Managem

世界一の
治療をチームで
目指す

IWASADA Rumiko
岩貞るみこ

講談社

こちら、沖《おき》縄《なわ》美《ちゅ》ら海《うみ》水《すい》族《ぞく》館《かん》動《どう》物《ぶつ》健《けん》康《こう》管《かん》理《り》室《しつ》。

This is Okinawa Churaumi Aquarium Animal Health Management Section

世《せ》界《かい》一《いち》の治《ち》療《りょう》をチームで目《め》指《ざ》す

目次《もくじ》

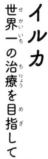

第《だい》1章《しょう》

沖《おき》縄《なわ》美《ちゅ》ら海《うみ》水《すい》族《ぞく》館《かん》

飼《し》育《いく》員《いん》とのチーム医《い》療《りょう》で命《いのち》を守《まも》る

美《ちゅ》ら海水族館《うみすいぞくかん》の目《め》の前《まえ》に、美《うつく》しい沖縄《おきなわ》の海《うみ》がひろがっている。

サンゴ礁《しょう》では、色《いろ》とりどりの魚《さかな》たちが泳《およ》ぐ。遠《とお》くの海《うみ》を、マグロなどの大《おお》きな魚《さかな》やクジラたちが泳《およ》いでいく。

太陽《たいよう》の光《ひかり》がとどかないような深《ふか》く暗《くら》い海《うみ》の底《そこ》にも、さまざまな魚《さかな》たちがすんでいる。

美《ちゅ》ら海水族館《うみすいぞくかん》は、こうした沖縄《おきなわ》のゆたかな海《うみ》をそのまま再現《さいげん》している。水族館《すいぞくかん》には、魚《さかな》たちにあわせたいくつもの水《すい》そうがあるのだ。

いちばんの人気《にんき》は、沖縄本島《おきなわほんとう》の北《きた》がわを本州《ほんしゅう》のほうへむかう海流《かいりゅう》、〝黒潮《くろしお》〟の名前《なまえ》

沖縄美《おきなわちゅ》ら海水族館《うみすいぞくかん》の入《い》り口《ぐち》では、ジンベエザメのモニュメントが出《で》むかえてくれる。

を、そのままつけた大水《だいすい》そう、〝黒潮《くろしお》の海《うみ》〟。

正面《しょうめん》にある高《たか》さ八・二メートル、横幅《よこはば》二十二・五メートルという大《おお》きなアクリルガラスは、二〇〇二年《ねん》の開館《かいかん》のときに世界一《せかいいち》の大《おお》きさとして作《つく》られた。

見上《みあ》げるほど大《おお》きなアクリルガラスの前《まえ》に立《た》つと、まるで自分《じぶん》が海《うみ》のなかにいるかのような気分《きぶん》になる。全長《ぜんちょう》が八メートルをこえるジンベエザメや、マンタなどの大《おお》きな魚《さかな》たちが、目《め》の前《まえ》をゆったりと泳《およ》いでいく。

水《すい》そうのある建物《たてもの》を出《で》て、海《うみ》のそばまで歩《ある》いていくと、イルカ、ウミガメ、マナティーに会《あ》える。

美《ちゅ》ら海水族館《うみすいぞくかん》では毎年《まいとし》、新《あたら》しい命《いのち》が次々《つぎつぎ》と生《う》まれている。本物《ほんもの》の海《うみ》とおなじように、安《あん》心《しん》してきもちよくすごせるからだ。

餌《えさ》をやり、水《すい》そうやプールのなかをきれいにして、生《い》き物《もの》たちを見守《みまも》っているのは飼育《しいく》員《いん》たち。魚《さかな》を担当《たんとう》するのは、魚類課《ぎょるいか》。イルカ、ウミガメ、マナティーを担当《たんとう》するのは、海《かい》獣課《じゅうか》。

そして、水族館《すいぞくかん》にいるすべての生《い》き物《もの》の健康《けんこう》を管理《かんり》し、具合《ぐあい》が悪《わる》くなったり、けがをしたりしたときのためにあるのが、病院《びょういん》のような動物健康管理室《どうぶつけんこうかんりしつ》だ。

人間《にんげん》の病院《びょういん》に、医師《いし》、看護師《かんごし》、検査技師《けんさぎし》がいるように、獣医師《じゅういし》、動物看護師《どうぶつかんごし》、検査《けんさ》をおこなう検査担当者《けんさたんとうしゃ》が、飼育員《しいくいん》といっしょに、一つのチームとなって命《いのち》を守《まも》っている。

第《だい》2章《しょう》

イルカ

世《せ》界《かい》一《いち》の治《ち》療《りょう》を目《め》指《ざ》して

海《うみ》のそばから、歓声《かんせい》があがる。

イルカショーがおこなわれるオキちゃん劇場《げきじょう》では、イルカが高《たか》くとびあがり豪快《ごうかい》なジャンプをきめている。

飼育員《しいくいん》のサインにあわせ、尾《お》びれを水面《すいめん》から出《だ》してぱたぱたとふったり、プールサイドに上《あ》がったりと高《たか》い能力《のうりょく》を見《み》せる。イルカは水族館《すいぞくかん》の人気者《にんきもの》だ。

オキちゃん劇場《げきじょう》のうしろには、三つのプールがあり、それぞれのプールにあるとびらをあけると、イルカたちはオキちゃん劇場《げきじょう》と自由《じゆう》に行《い》き来《き》できるようになっている。

このプールにかこまれるようにあるのが、動物健康管理室《どうぶつけんこうかんりしつ》の検査室《けんさしつ》。海獣課《かいじゅうか》で飼育《しいく》しているイルカ、ウミガメ、マナティーの健康《けんこう》を管理《かんり》するための検査室《けんさしつ》だ。

検査室《けんさしつ》には、大《おお》きな丸窓《まるまど》が三つあるけれど外《そと》の景色《けしき》は見《み》えない。見《み》えるのは、オキちゃん劇場《げきじょう》と、うしろにあるうちの二つのプールのなかのようすだ。

朝《あさ》、動物看護師《どうぶつかんごし》の中谷里美《なかたにさとみ》がやってきた。うすぐらい検査室《けんさしつ》の電気《でんき》をつけると、すぐに一頭《とう》のイルカが丸窓《まるまど》に近《ちか》づいてくる。一昨年《いっさくねん》、オキゴンドウのもも、ももが産《う》んだ、オスのライ

オキちゃん劇場《げきじょう》のイルカショー。
青《あお》い海《うみ》をバックに、イルカがジャンプする。

ズだ。ライズは毎朝《まいあさ》、検査室《けんさしつ》に電気《でんき》がつくと、口先《くちさき》を窓《まど》におしつけるようにしてのぞきこんでくる。

　朝《あさ》のあいさつなのか、早《はや》く餌《えさ》がほしいのか。ライズは、好奇心《こうきしん》いっぱいで、見《み》るものすべてに興味《きょうみ》しんしんなのだ。

　教室《きょうしつ》の三分《ぶん》の一くらいのひろさの検査室《けんさしつ》には、動物《どうぶつ》のための薬《くすり》や治療《ちりょう》するための道具《どうぐ》、血液《けつえき》をしらべるための機械《きかい》や顕微鏡《けんびきょう》などが、ところせましとおかれている。

　中谷《なかたに》は、朝《あさ》いちばんでおこなうイルカの検査《けんさ》セットがはいった箱《はこ》の中身《なかみ》をたしかめると、プールサイドへむかう。

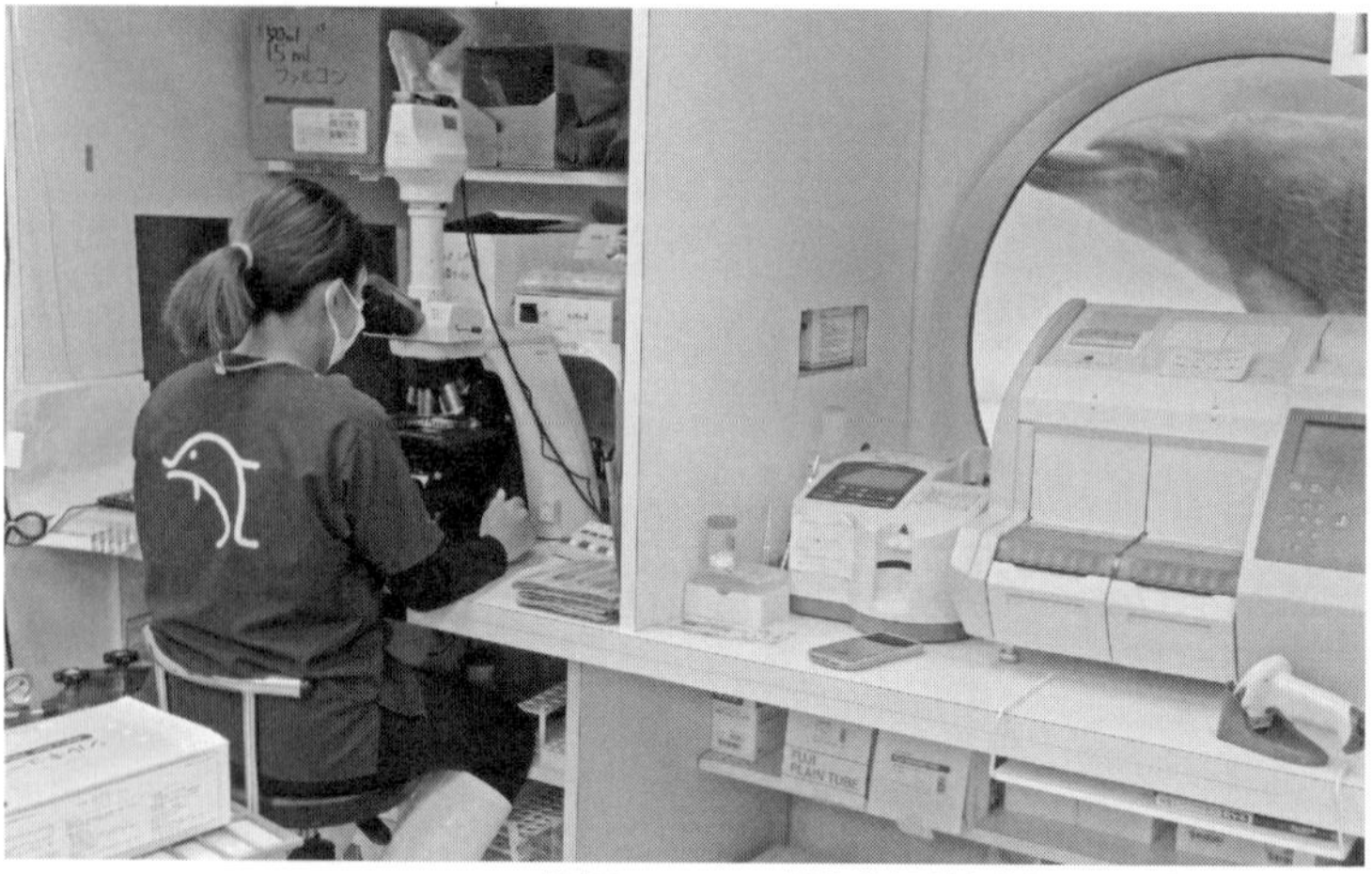

イルカプールのそばにある、海獣《かいじゅう》のための動物健康管理室《どうぶつけんこうかんりしつ》の検査室《けんさしつ》。ときどきイルカが、窓《まど》からなかをのぞきこんでくる。

飼育員《しいくいん》の朝《あさ》は、餌《えさ》の準備《じゅんび》からはじまる。

海獣課《かいじゅうか》の事務所《じむしょ》のわきにある餌《えさ》を準備《じゅんび》する場所《ばしょ》では、飼育員《しいくいん》たちが包丁《ほうちょう》をにぎり、とんとんとリズミカルな音《おと》をさせながら、イカ、サバ、トビウオなどの魚《さかな》を食《た》べやすい大《おお》きさに切《き》っていく。

美《ちゅ》ら海水族館《うみすいぞくかん》には、バンドウイルカ、ミナミバンドウイルカ、シワハイルカ、オキゴンドウなど、種類《しゅるい》のちがうイルカたちがいる。

からだの大《おお》きさがちがうので、食《た》べる量《りょう》もちがう。

さらに、このイルカはちょっと太《ふと》り気味《ぎみ》なので、カロリーのあるサバはひかえめに。こちらのイルカは食欲《しょくよく》がないので、のどをつるんとおって食《た》べやすいイカを多《おお》めになど、魚《さかな》の種類《しゅるい》も量《りょう》も、その日《ひ》のイルカの体調《たいちょう》にあわせて変《か》えていく。

中谷《なかたに》がプールサイドに行《い》くと、飼育員《しいくいん》たちが、イルカの名前《なまえ》が書《か》かれたバケツをもってあつまりはじめていた。

飼育員《しいくいん》のすがたを見《み》つけたイルカたちは、とたんにいきおいよく泳《およ》ぎまわり、早《はや》く早《はや》くとさいそくするように水面《すいめん》から顔《かお》を出《だ》している。

朝《あさ》は、おなかがすいているのだ。

朝《あさ》の餌《えさ》やりは、イルカの体調《たいちょう》を見《み》るための大切《たいせつ》な時間《じかん》でもある。

イルカは調子《ちょうし》がいいときは飼育員《しいくいん》がプールサイドに立《た》つと、すぐに近《ちか》くによってくる。

ぎゃくに、近《ちか》くにこない、餌《えさ》をあげてもすぐに飲《の》みこもうとしないときは、食欲《しょくよく》がなく、どこか具合《ぐあい》が悪《わる》いということだ。

飼育員《しいくいん》は、イルカの動《うご》きを注意《ちゅうい》ぶかく見《み》ていく。

目《め》つきはどうか。呼吸《こきゅう》のしかたはどうか。泳《およ》ぎかたに、いつもとちがうところはないか。

ただ、イルカはあたまがいいので、ときどき飼育員《しいくいん》をからかうことがある。

飼育員《しいくいん》のそばにこず、餌《えさ》もあまり食《た》べなくて心配《しんぱい》させるのに、餌《えさ》の時間《じかん》がおわるとほかのイルカと元気《げんき》に泳《およ》いでいるのだ。

食《た》べない理由《りゆう》はわからない。からかっているのかどうかもわからないけれど、元気《げんき》に泳《およ》げるのなら、すぐに検査《けんさ》をするのではなく、しばらくようすを見《み》てもよさそうだ。

動物看護師《どうぶつかんごし》の中谷《なかたに》は、バケツをもった飼育員《しいくいん》といっしょにプールをまわり、イルカたちが餌《えさ》を食《た》べるようすを見《み》つめている。

一人《ひとり》の目《め》より、二人《ふたり》の目《め》。

動物看護師《どうぶつかんごし》の目《め》と、飼育員《しいくいん》の目《め》。それぞれの知識《ちしき》や経験《けいけん》をいかしながらイルカを見《み》れば、ちょっとした変化《へんか》に気《き》づけるようになる。

動物《どうぶつ》は、言葉《ことば》で教《おし》えてくれない。

野生《やせい》では、弱《よわ》ったところを見《み》せれば、すぐにほかの動物《どうぶつ》に食《た》べられてしまうかもしれない。だから、弱《よわ》っていてもふだんとおなじようにふるまい、ある日《ひ》、とつぜん悪《わる》くなるのだ。たとえ水族館《すいぞくかん》にいてもその習性《しゅうせい》は変《か》わらない。ほんのわずかな変化《へんか》も見《み》のがせないのである。

「中谷《なかたに》さーん！　サミの餌《えさ》やり、はじめまーす！」

「次《つぎ》、こちらもおねがいします！」

餌《えさ》をあげるタイミングで、中谷《なかたに》に、あちこちから声《こえ》がかかる。

ちょっと元気《げんき》がない。サインへの反応《はんのう》が悪《わる》い。ほかのイルカにかまれて傷《きず》ができている。

飼育員《しいくいん》は、自分《じぶん》が担当《たんとう》するイルカのようすを中谷《なかたに》に伝《つた》えていく。

食欲《しょくよく》のなかったイルカが、よく食《た》べるようになったと思《おも》ったら、べつのイルカがけがをする。イルカたちは、毎日《まいにち》、体調《たいちょう》が変《か》わる。昨日《きのう》も、大《おお》きなオキゴンドウのティダが、あごのあたりをぶつけてけがをしたばかりだ。

中谷《なかたに》は、ティダのすり傷《きず》をデジタルカメラで撮影《さつえい》する。写真《しゃしん》に残《のこ》しておけば、毎日《まいにち》のちがいがわかるし、今《いま》、ここにいない動物健康管理室《どうぶつけんこうかんりしつ》のスタッフや飼育員《しいくいん》たちも、いつでも見《み》ることができる。いそぐときは、動物健康管理室《どうぶつけんこうかんりしつ》の全員《ぜんいん》のスマホにはいっているメッセージアプリを使《つか》い、すぐに全員《ぜんいん》が見《み》られるようにする。

「ティダ、だいぶなおってきましたね。」

「はい！」

中谷《なかたに》が笑顔《えがお》でいうと、となりにいる飼育員《しいくいん》もぱっと笑顔《えがお》になる。

中谷《なかたに》は、ティダのけがのところにスプレーで消毒液《しょうどくえき》をかけた。

イルカは、ほ乳類《にゅうるい》なので体温《たいおん》は三十五度《ど》後半《こうはん》から三十六度《ど》後半《こうはん》くらい。人間《にんげん》とおなじで、具合《ぐあい》が悪《わる》いときは体温《たいおん》が高《たか》くなる。

イルカの体温測定《たいおんそくてい》は、飼育員《しいくいん》がおこなう。

手《て》で水面《すいめん》をひらりとなでるような飼育員《しいくいん》の動《うご》きは、プールサイドにそって水面《すいめん》であおむけになりなさいというサイン。イルカは、ぱっとからだを動《うご》かして、あおむけになってういている。飼育員《しいくいん》は、ケースにはいった電子体温計《でんしたいおんけい》からのびている細《ほそ》いチューブを、イルカの肛門《こうもん》からなかに入《い》れていく。イルカは、体温《たいおん》をはかられているあいだもじっとしている。

イルカの体温《たいおん》は、肛門《こうもん》から電子体温計《でんしたいおんけい》のチューブを入《い》れてはかる。訓練《くんれん》ができているので、イルカはおとなしくういている。

ピッ。

飼育員《しいくいん》がふく笛《ふえ》が、終了《しゅうりょう》の合図《あいず》。イルカはすぐにあおむけでうくことをやめて、『ちゃんとやったでしょ、餌《えさ》をちょうだい。』というかのように口《くち》をあけて餌《えさ》をまつ。

これができるのは、訓練《くんれん》のおかげだ。

訓練《くんれん》には、二つの種類《しゅるい》がある。

一つは、ジャンプや、ボールをキャッチするなど、イルカがもっている能力《のうりょく》を高《たか》めていく訓練《くんれん》。

もう一つは、血液《けつえき》をとったり体温《たいおん》をはかったりできるようにする、健康《けんこう》を管理《かんり》するための訓練《くんれん》だ。ハズバンダリー・トレーニングとよばれている。

プールサイドでできるようになるため、イルカにとっても飼育員《しいくいん》にとっても、安全《あんぜん》で楽《らく》に検査《けんさ》ができる。そのため美《ちゅ》ら海水族館《うみすいぞくかん》のイルカたちは、かならずこの訓練《くんれん》をうけている。

今《いま》はちょうど、もうすぐ二歳《さい》になるオキゴンドウのライズに、体温測定《たいおんそくてい》ができるように訓練《くんれん》しているところだ。

飼育員《しいくいん》が、プールサイドに立《た》つ。ライズは、餌《えさ》がもらえると思《おも》ったのか、すぐに近《ちか》くにきて、立《た》ちおよぎのような姿勢《しせい》で飼育員《しいくいん》を見《み》つめている。

いきなり、チューブを肛門《こうもん》に入《い》れるのではない。まずは、あおむけにうく訓練《くんれん》からだ。

これができるようになったら、体温計《たいおんけい》のチューブの先《さき》を、からだにちょっとあててみる。あてるところを、少《すこ》しずつ肛門《こうもん》に近《ちか》づけていき、いやがらなくなったら肛門《こうもん》に入《い》れていく。ちょっとずつ作戦《さくせん》である。

飼育員《しいくいん》がライズとむきあい、サインを出《だ》そうとしていると、母親《ははおや》のもも、いがライズをおしのけるようにプールサイドのそばにやってきた。

（わたしの子《こ》に、へんなことしないで。）

そう伝《つた》えるかのように、飼育員《しいくいん》とライズのあいだに、ぐいぐいとわりこんでくる。

べつの飼育員《しいくいん》が、もも、いに餌《えさ》を見《み》せて、気《き》をひこうとするけれど、もも、いはライズのそばをはなれようとしない。

飼育員《しいくいん》は、むりはしない。もも、いがライズのそばをはなれないことがわかると、今日《きょう》の訓《くん》練《れん》はおわり。もも、いがいやがっているのにやりつづけると、これまでせっかく作《つく》ってきた、い、もと飼育員《しいくいん》との信頼関係《しんらいかんけい》がくずれてしまうからだ。

ライズのようすをじっと見《み》ていた中谷《なかたに》に、べつの飼育員《しいくいん》から声《こえ》がかかる。

「中谷《なかたに》さん。ミンタなんですが、ちょっと熱《ねつ》があるし、餌《えさ》の食《く》いつきも悪《わる》いんです。」

「血液《けつえき》、しらべておきましょうか。」

そういって、中谷《なかたに》は、すぐに準備《じゅんび》をはじめる。

イルカの血液《けつえき》は、尾《お》びれにある太《ふと》い血管《けっかん》からとる。

注射《ちゅうしゃ》の針《はり》をさされても、ミンタは、ういたままじっとしている。ハズバンダリー・トレーニングがしっかりできているからだ。

ただ、長《なが》い時間《じかん》がかかる治療《ちりょう》や検査《けんさ》は、プールサイドではできない。プールの水《みず》をぬいて泳《およ》げないようにするか、プールの外《そと》に出《だ》しておこなうしかない。


その日《ひ》のイルカの治療《ちりょう》も、時間《じかん》のかかるものだった。

プールの外《そと》でおこなっていたのだが、とちゅうから、イルカがからだを大《おお》きく左右《さゆう》に動《うご》かしていやがりはじめた。

けれど、まだ治療《ちりょう》のとちゅうだ。

飼育員《しいくいん》たちは、もう少《すこ》しだからがんばってと念《ねん》じながら、からだをおさえつづけていた。

おわったあと、海獣課《かいじゅうか》の河津勲《かわづいさお》課長《かちょう》が、きびしい表情《ひょうじょう》で動物健康管理室《どうぶつけんこうかんりしつ》の室長《しつちょう》である植《うえ》田啓一《だけいいち》獣医師《じゅういし》のところにやってきた。

「植田《うえだ》さん。今日《きょう》の治療《ちりょう》、時間《じかん》が長《なが》すぎませんか。」

植田獣医師《うえだじゅういし》が、河津課長《かわづかちょう》を見《み》る。

「あの治療《ちりょう》には、時間《じかん》がかかる。がまんしてもらうしかない。」

「でも、今日《きょう》は一時間《じかん》二十分《ぷん》かかりましたよね。長《なが》いですよ。こんなに長《なが》ければ、イルカがいやがるのもむりはないと思《おも》います。」

イルカは水《みず》のなかで生活《せいかつ》している。水《みず》から出《だ》しただけで、体《からだ》が重《おも》く感《かん》じるはずだ。

それに、イルカには、今《いま》、おこなわれていることが自分《じぶん》のためだとはわからない。何人《なんにん》もの飼育員《しいくいん》にかこまれ、痛《いた》いことをされればいやがるのも当然《とうぜん》だろう。

「河津課長《かわづかちょう》のきもちはわかるけれど、治療《ちりょう》のとちゅうでやめるわけにはいかないよ。」

「大《おお》きなイルカがあばれたら、飼育員《しいくいん》が、けがをするかもしれないじゃないですか。」

水族館《すいぞくかん》でいちばん大《おお》きなオキゴンドウは、体重《たいじゅう》が一トンにもなる。尾《お》びれを大《おお》きくふったら、人《ひと》がはじきとばされてしまうかもしれない。

イルカに、つらい思《おも》いをさせたくない。そして、飼育員《しいくいん》を守《まも》りたい河津課長《かわづかちょう》。

しっかりと、よりよい治療《ちりょう》をしたい植田獣医師《うえだじゅういし》。

どちらもイルカにとって、いちばんいいことをしたいきもちはおなじ。でも、立場《たちば》によって考《かんが》えかたはちがってくる。

「だったら。」

河津課長《かわづかちょう》は、植田獣医師《うえだじゅういし》を見《み》ていった。

「長《なが》くかかる治療《ちりょう》のときは、麻酔《ますい》をかけてもらえませんか。ぼーっとしていれば、つらいと感《かん》じることもない。人間《にんげん》が手術《しゅじゅつ》をうけるときだって、そうでしょう。」

たしかに、麻酔《ますい》をかければ、イルカがあばれることはない。まわりにいる飼育員《しいくいん》はもちろん、治療《ちりょう》だって安全《あんぜん》におこなえる。

ただ、植田獣医師《うえだじゅういし》は、麻酔《ますい》には反対《はんたい》だった。

麻酔《ますい》を使《つか》ったあとのイルカはぼんやりしているので、そのままプールにもどしたらおぼれてしまうかもしれない。しっかり目《め》がさめるまでの約《やく》一時間《じかん》、プールの水《みず》を少《すく》なめにしてようすを見《み》ながら、すごさせなければならないのだ。

だけど、その場所《ばしょ》がない。もとのプールには、ほかにもイルカたちがいる。

バンドウイルカは、一頭《とう》だけがはいれる風呂《ふろ》おけのようなマリンタンクに入《い》れておける。でも、オキゴンドウは、体《からだ》が大《おお》きくてマリンタンクにはいらないのだ。

そもそも、どんな薬《くすり》でも、使《つか》わないでいいなら使《つか》わないほうがいい。とくに麻酔《ますい》は使《つか》いつづけると、ききにくくなることがあるので判断《はんだん》がむずかしい。

植田獣医師《うえだじゅういし》は、河津課長《かわづかちょう》にたずねた。

「どのくらいかかる治療《ちりょう》には、麻酔《ますい》をかけたほうがいいと思《おも》う？」

「一時間《じかん》でどうでしょう。」

河津課長《かわづかちょう》は、すぐに答《こた》えた。これまでの治療《ちりょう》を見《み》ていると、一時間《じかん》をこえるとイルカがからだを大《おお》きく動《うご》かして、いやがることが多《おお》かったからだ。

「それは、プールの水《みず》をぬいてから一時間《じかん》ってこと？」

「そうです。イルカを水《みず》から出《だ》して、水《みず》のなかにもどすまでを一時間《じかん》でおわらせたい。」

植田獣医師《うえだじゅういし》は、少《すこ》し考《かんが》えるようにだまっている。あたまのなかで、時間《じかん》を計算《けいさん》しているようだ。そして、顔《かお》をあげていった。

「わかった。次《つぎ》は、それでやる。」

植田獣医師《うえだじゅういし》は、動物健康管理室《どうぶつけんこうかんりしつ》のミーティングでスタッフにそのことを伝《つた》えた。

「次《つぎ》の治療《ちりょう》は、一時間《じかん》でやります。」

「どうしてですか⁉」

おどろいたスタッフたちから、すかさず意見《いけん》が出《で》た。

「あと五分《ふん》あれば、必要《ひつよう》な治療《ちりょう》がすべてできるときでも、とちゅうでやめるんですか。」

「すべてのイルカを、ぜんぶおなじルールでやるのはおかしいです。」

イルカは、一頭《とう》ずつ性格《せいかく》がちがう。長《なが》いあいだ水《みず》の外《そと》にいても、まったくいやがらないイルカもいる。それに、イルカによってからだの大《おお》きさがちがうので、薬《くすり》などの量《りょう》がちがう。薬《くすり》などを、からだにゆっくり入《い》れるときにおこなう点滴《てんてき》にかかる時間《じかん》もちがってくる。

スタッフは全員《ぜんいん》、もっと一頭《とう》ずつによりそった治療《ちりょう》をするべきだという。

けれど、植田獣医師《うえだじゅういし》は、河津課長《かわづかちょう》と決《き》めたことを、もういちど伝《つた》える。

「一時間《じかん》でやる。一時間《じかん》たったとき、治療《ちりょう》をつづけるかどうかは、そのときに判断《はんだん》する。」

「だれがですか?」

「海獣課《かいじゅうか》の飼育員《しいくいん》。その日《ひ》の治療《ちりょう》の責任者《せきにんしゃ》を決《き》めてもらい、その人《ひと》がストップといったら、ストップ。」

飼育員《しいくいん》は、イルカにとって親《おや》のような存在《そんざい》だ。一頭《とう》ずつの性格《せいかく》を、いちばんよく知《し》っている。だから飼育員《しいくいん》に、限界《げんかい》を判断《はんだん》してもらうのだ。

ただ、一時間《じかん》ルールについては、植田獣医師《うえだじゅういし》にも河津課長《かわづかちょう》にも考《かんが》えていることがあった。

『ぼくたちは、二十分《ぷん》でできることを、三十分《ぷん》かけてやっていないだろうか?』

ということだ。

何分《なんぷん》でやるという目標《もくひょう》をたてないと、人《ひと》は、かぎりなく時間《じかん》をかける。

だから、時間《じかん》の目標《もくひょう》を決《き》めるのだ。

この治療《ちりょう》は、どうしても四十分《ぷん》かかる。だったら、どうすれば三十分《ぷん》でできるようになるのか。自分《じぶん》の技術《ぎじゅつ》をみがき、仲間《なかま》とチームワークを作《つく》る。道具《どうぐ》を使《つか》う順番《じゅんばん》を考《かんが》え、どこになにをおいておくのか変《か》えるだけで、何秒《なんびょう》かちがってくる。それがつみかさなれば、一分《ぷん》、二分《ふん》とけずっていけるはずだ。

一時間《じかん》かかっていた治療《ちりょう》を、五十五分《ふん》でおえることができれば、イルカにとってはそのほうがいいのである。

一時間《じかん》ルールは、海獣課《かいじゅうか》の飼育員《しいくいん》たちにも伝《つた》えられた。

飼育員《しいくいん》が、安全《あんぜん》に早《はや》くイルカをプールの外《そと》の診察台《しんさつだい》につれていくことができれば、おなじ一時間《じかん》でも治療《ちりょう》にかける時間《じかん》を長《なが》くすることができる。

朝《あさ》、七時《じ》三十分《ぷん》。晴《は》れ。

沖縄《おきなわ》らしい湿気《しっけ》をふくんだ空気《くうき》に、ほんの少《すこ》し海《うみ》のにおいがまざっている。

プールのわきにはすでに、イルカをつりあげるためのクレーン車《しゃ》と、はこぶためのトラックがとめられている。

ヘルメットをかぶった飼育員《しいくいん》たちが、水《みず》がぬかれたプールの底《そこ》で、オキゴンドウのアーサを担架《たんか》にのせていた。

「そのままゆっくり、おねがいします！」

プールのなかから、大《おお》きな声《こえ》がする。

長《なが》くのばされたクレーンが、アーサののった担架《たんか》をゆっくりとつりあげていく。飼育員《しいくいん》たちが、アーサを心配《しんぱい》そうに見《み》あげている。

アーサをのせたトラックは、ゆっくりと百メートルほど走《はし》り、今日《きょう》のために作《つく》られた診《しん》察台《さつだい》にむかう。厚《あつ》みが四十センチメートルほどある、ふかふかのウレタンマットを地面《じめん》にならべた、特別《とくべつ》な診察台《しんさつだい》だ。ここに、体重《たいじゅう》が三百キログラム以上《いじょう》あるアーサをのせると、ぐっとしずみこむ。動《うご》きにくくなるのだ。

アーサは、見《み》ただけでわかるほど、左《ひだり》ほおのあたりがはれていた。膿《うみ》がたまっているのだ。今日《きょう》はこの膿《うみ》をぜんぶぬき、どんな菌《きん》がいるのか検査《けんさ》をする。

診察台《しんさつだい》に横《よこ》たわるアーサのまわりに、五人《にん》の飼育員《しいくいん》が近《ちか》づいてきてそっとおさえる。

アーサはときどき、あたまの上《うえ》にある呼吸孔《こきゅうこう》をひらき、ぷはーっと息《いき》をする。

動物健康管理室《どうぶつけんこうかんりしつ》の島本優里獣医師《しまもとゆりじゅういし》が、アーサの顔《かお》のわきにしゃがむ。尾《お》びれのそばには、動物看護師《どうぶつかんごし》の髙樹沙都美《たかぎさとみ》がついた。

治療時間《ちりょうじかん》を見《み》きわめる海獣課《かいじゅうか》の責任者《せきにんしゃ》は、飼育員《しいくいん》のリーダー、伊波卓《いはすぐる》。そばにいる植田《うえだ》獣医師《じゅういし》も、ちらりと腕時計《うでどけい》を見《み》て治療《ちりょう》の開始時刻《かいしじこく》をたしかめている。

島本獣医師《しまもとじゅういし》が、アーサのほおのふくらんだところに注射針《ちゅうしゃばり》をさして膿《うみ》をぬいていく。一本《ぽん》ではとりきれない。そばにいる飼育員《しいくいん》が、さっと新《あたら》しい注射器《ちゅうしゃき》をわたす。

尾《お》びれのそばにいる髙樹《たかぎ》は、太《ふと》い血管《けっかん》から血液《けつえき》をぬいている。イルカは、いやがるときは尾《お》びれを動《うご》かす。針《はり》がささっているときに動《うご》くと、針《はり》がおれてしまうこともある。髙樹《たかぎ》が安全《あんぜん》にできるように、二人《ふたり》の飼育員《しいくいん》が、左右《さゆう》からがっちりと尾《お》びれをおさえていた。

三月《がつ》とはいえ、沖縄《おきなわ》はもう日差《ひざ》しが強《つよ》い。どんどん気温《きおん》が上《あ》がっていく。べつの飼育員《しいくいん》がアーサのからだに、ホースで冷《つめ》たい水《みず》をかけている。

「五本目《ほんめ》です。」

飼育員《しいくいん》が、島本獣医師《しまもとじゅういし》に注射器《ちゅうしゃき》をわたしながら、まわりにもわかるよう声《こえ》をかける。太《ふと》い注射器《ちゅうしゃき》を四本使《はんつか》っても、膿《うみ》はまだとりきれない。

はれる原因《げんいん》は、わからない。ほおのあたりが悪《わる》いのか、それとも口《くち》のなかなのか。

植田獣医師《うえだじゅういし》が、そばにいた飼育員《しいくいん》の伊波《いは》に声《こえ》をかける。

「口《くち》のなかが原因《げんいん》かもしれないから、いちど、歯《は》の検査《けんさ》をしたいな。」

X線検査《エックスせんけんさ》をするなら、アーサが動《うご》かないようにじっとさせなければならない。だとしたら、麻酔《ますい》をかけるしかない。植田獣医師《うえだじゅういし》が考《かんが》えていると、伊波《いは》が、ちょっと自慢《じまん》げな顔《かお》でいう。

「アーサの歯《は》なら、さわれます。」

「ほんと?」

「はい。口《くち》をあけたまま、歯《は》をさわらせる訓練《くんれん》はできています。奥歯《おくば》もさわれるので、ぐらぐらしているかどうかわかりますよ。」

歯《は》がさわれるなら、原因《げんいん》がしぼれる。X線検査《エックスせんけんさ》をするときも、短《みじか》い時間《じかん》ですむ。アーサの負担《ふたん》は少《すく》なくなるはずだ。

「いいね。だったらX線検査《エックスせんけんさ》より先《さき》に、歯《は》をたしかめさせて。」

たのんだぞという表情《ひょうじょう》で伊波《いは》を見《み》てうなずいたあと、植田獣医師《うえだじゅういし》は、ふたたびアーサのようすを見《み》る。からだをときどき動《うご》かして、むずかりはじめたかんじもする。

ぷはーっ。アーサの呼吸《こきゅう》がくりかえされる。

時計《とけい》を見《み》ると、アーサを水《みず》から出《だ》して四十分《ぷん》がたとうとしていた。

「尾《お》びれ、注意《ちゅうい》してな。」

植田獣医師《うえだじゅういし》が、尾《お》びれのそばにいる高樹《たかぎ》と飼育員《しいくいん》たちに声《こえ》をかける。血液《けつえき》をとりおわり、今《いま》は点滴《てんてき》をしているところだ。飼育員《しいくいん》が、尾《お》びれをおさえる手《て》に力《ちから》をこめる。なんとか、このままアーサにがんばってほしい。

「七本目《ほんめ》です。」

島本獣医師《しまもとじゅういし》が注射器《ちゅうしゃき》でとった膿《うみ》が、七本目《ほんめ》になろうとしていた。

伊波《いは》は腕時計《うでどけい》を見《み》たあと、プールのほうから小走《こばし》りにやってきた飼育員《しいくいん》に声《こえ》をかけた。

「水位《すいい》は？　もう、アーサが泳《およ》げるくらいまで水《みず》がはいった？」

「はい！」

飼育員《しいくいん》がこたえる。今日《きょう》は、麻酔《ますい》をしていない。治療《ちりょう》がおわったら、すぐに水《みず》のなかにもどすのだ。もどすときに、担架《たんか》からアーサをはずさなくてはいけないので、飼育員《しいくいん》が歩《ある》けるくらい、そして、アーサが泳《およ》げるぎりぎりの水位《すいい》まで水《みず》を入《い》れておく。

「あと七分《ふん》！」

腕時計《うでどけい》を見《み》た植田獣医師《うえだじゅういし》が、全員《ぜんいん》に声《こえ》をかける。

「膿《うみ》、ぬきおわりました！」

島本獣医師《しまもとじゅういし》の声《こえ》がした。点滴《てんてき》もおわっている。

「OK《オーケー》。じゃあ、もどそう！」

アーサはすぐに、トラックではこばれプールにもどされた。

このあと動物健康管理室《どうぶつけんこうかんりしつ》のスタッフは、膿《うみ》と血液《けつえき》の検査《けんさ》にとりかかる。


一時間《じかん》ルール。

このやりかたが、イルカのために、ほんとうにいいのかどうかは、まだわからない。

けれど、よりよい治療《ちりょう》をするためには、今《いま》のやりかたをくりかえすだけではなく、少《すこ》しでもいい方法《ほうほう》を考《かんが》えて、挑戦《ちょうせん》していかなければ成長《せいちょう》はない。

世界《せかい》の水族館《すいぞくかん》では、もっと進《すす》んだ治療《ちりょう》をおこなっているところもある。

いつか、追《お》いつき、追《お》いこしたい。

日本《にっぽん》だけでなく、世界《せかい》の水族館《すいぞくかん》の目標《もくひょう》となる治療《ちりょう》をすること。それが、美《ちゅ》ら海《うみ》水族館《すいぞくかん》の目指《めざ》す、動物健康管理室《どうぶつけんこうかんりしつ》である。

第《だい》3章《しょう》

サミの人《じん》工《こう》尾《お》びれプロジェクト

もういちど仲《なか》間《ま》と泳《およ》ぐために

二〇二〇年《ねん》九月《がつ》。

「サミが、しずんだ！」

イルカたちのいるプールに、大《おお》きな声《こえ》がひびいた。

「水《みず》をぬけ！　全開《ぜんかい》！」

プールサイドで、飼育員《しいくいん》が何人《なんにん》も走《はし》りまわっている。

ミナミバンドウイルカのサミがけがをした。尾《お》びれあたりからの出血《しゅっけつ》がひどい。助《たす》けだされたサミに、緊急手術《きんきゅうしゅじゅつ》がおこなわれた。


サミは、一九九九年《ねん》に、美《ちゅ》ら海水族館《うみすいぞくかん》で生《う》まれた。

イルカショーをおこなうオキちゃん劇場《げきじょう》の名前《なまえ》のもととなった、オキの子《こ》ども。性格《せいかく》はやんちゃで、まわりのイルカたちにちょっかいを出《だ》す、気《き》の強《つよ》いメスのイルカである。

手術《しゅじゅつ》をおえたサミは、一頭《とう》だけがはいれる小《ちい》さなマリンタンクにうつされた。

すぐに手術《しゅじゅつ》したおかげで、けがはなおった。ただ、傷《きず》から細菌《さいきん》がはいり感染症《かんせんしょう》にかかってしまう。尾《お》びれの先《さき》から、白《しろ》くくさってきたのだ。

植田獣医師《うえだじゅういし》は、そのようすを見《み》てつぶやいた。

「壊死《えし》してきたか。」

尾《お》びれが白《しろ》くなってくさる壊死《えし》は、これまでにもあった。

二十年近《ねんちか》く前《まえ》、バンドウイルカのフジが、原因不明《げんいんふめい》の感染症《かんせんしょう》にかかったときだ。

尾《お》びれの先《さき》から白《しろ》くなり、とけるようにくさっていく。電気《でんき》メスで尾《お》びれの四分《ぶん》の三を切《き》りとるしかなかった。

サミの尾《お》びれも、毎日《まいにち》、どんどん白《しろ》くなっていく。

電気《でんき》メスで切《き》りおとし、残《のこ》ったのは五分《ぶん》の一。フジのときよりも、小《ちい》さな尾《お》びれしか残《のこ》せなかった。しかも、サミの状態《じょうたい》はもっとひどかった。

けがをしたときに、骨《ほね》がおれたうえに筋肉《きんにく》も切《き》れたのだ。けがの治療《ちりょう》がすべておわったとき、サミの小《ちい》さな尾《お》びれは、つけねからねじまがっていた。

「サミ、今日《きょう》からプールにもどれましたね。ようす、どうですか？」

動物看護師《どうぶつかんごし》の髙樹《たかぎ》が、サミのいるプールを見《み》つめている飼育員《しいくいん》の伊波《いは》に近《ちか》づいてきて声《こえ》をかける。

伊波《いは》は、サミから目《め》をはなして高樹《たかぎ》のほうをむいた。

「やっぱり、うまく泳《およ》ぐことができないんですよ。」

高樹《たかぎ》は、伊波《いは》のとなりにきてサミを見《み》つめる。

マリンタンクからプールにもどされたサミは、ういたままじっとしている。

「ほかのイルカを入《い》れたら、いっしょに泳《およ》ごうとするかもしれないと思《おも》って。」

伊波《いは》は、サミを見《み》ながらつぶやくようにいう。

イルカはよく、追《お》いかけっこをする。二頭《とう》が、よりそうように泳《およ》ぐこともある。

「いっしょに泳《およ》ぐうちに、うまく泳《およ》げるようになるかもしれないですね。」

高樹《たかぎ》の言葉《ことば》に勇気《ゆうき》づけられたように、伊波《いは》がうなずいた。

「ですよね。やってみます。」

翌日《よくじつ》、イルカを二頭《とう》、サミのプールに入《い》れてみた。性格《せいかく》がおだやかで、これまでサミといっしょに泳《およ》いでいたイルカたちだ。

けれど、サミは泳《およ》ごうとしない。二頭《とう》も、うまく泳《およ》げないサミをほうっておいて二頭《とう》だけで泳《およ》いでしまう。

べつのイルカなら、うまくいくかもしれない。コニーを入《い》れてみると、こんどはサミを気《き》づかうようにゆっくりと泳《およ》いでいる。

コニーは、以前《いぜん》、尾《お》びれをうしなったフジのむすめだ。母親《ははおや》のフジがうまく泳《およ》げないときも、よりそうようにゆっくり泳《およ》いでいた。その記憶《きおく》が残《のこ》っていたのかもしれない。

「いいね。さすが、コニー。」

「このまま、サミもうまく泳《およ》げるようになるといいのに。」

飼育員《しいくいん》たちは期待《きたい》したけれど、それから一か月後《げつご》、コニーは突然《とつぜん》、朝《あさ》からジャンプをくりかえしはじめた。

「伊波《いは》さん、コニーがおかしい!」

「朝《あさ》からずっと、ジャンプしています!」

夕方《ゆうがた》になったけれど、コニーのジャンプはとまらない。餌《えさ》を見《み》せても、ほとんど食《た》べない。泳《およ》げないサミといっしょにいるのが、いやになったのだろうか。

コニーもサミのいるプールから出《だ》される。サミは一頭《とう》ですごすことになった。

尾《お》びれにけがをした、ミナミバンドウイルカのサミ（右《みぎ》）と、フジのむすめのコニー。

サミをどうするか。飼育員《しいくいん》たちは話《はな》しあった。

イルカは何歳《なんさい》まで生《い》きるのか、わかっていない。

ただ、サミの母親《ははおや》であるオキは、水族館《すいぞくかん》にきてから五十年近《ねんちか》くたった今《いま》も元気《げんき》にイルカショーに出《で》ている。

サミは今《いま》、二十一歳《さい》だ。病気《びょうき》などしなければ、あと三十年《ねん》くらいは生《い》きるだろう。

そのあいだ、ずっと一頭《とう》だけのプールですごさせるのか？

イルカは仲間《なかま》といっしょに、むれでくらす動物《どうぶつ》なのにこのままでいいのだろうか。

「また、泳《およ》げるようになってほしい。」

「けがをして泳《およ》げなくても、多《おお》くの人《ひと》たちに見《み》てもらいたい。」

飼育員《しいくいん》たちから意見《いけん》が出《で》た。

世《よ》のなかには、イルカを見《み》せものにするなという人《ひと》もいる。けれど、イルカを見《み》た人《ひと》は、イルカや海《うみ》の生《い》き物《もの》に興味《きょうみ》をもつようになる。

イルカショーを見《み》た人《ひと》は、イルカの能力《のうりょく》の高《たか》さを知《し》ってくれる。こんなにすばらしい生《い》き物《もの》がいる海《うみ》を、大切《たいせつ》にしようと思《おも》ってくれるはずだ。

そして、もう一つ。

イルカは、ショーに出《で》ている自分《じぶん》のすがたを、お客《きゃく》さんに見《み》てもらいたいのではないか。

飼育員《しいくいん》たちは、そう感《かん》じていた。

少《すこ》し前《まえ》に、イルカショーをするオキちゃん劇場《げきじょう》のプールと、そのうしろにあるプールのとびらをあけておき、出《で》てくるイルカだけでショーをやってみたことがある。

どのイルカが出《で》てくるかわからないので、イルカショーの内容《ないよう》もその場《ば》で決《き》めなければならない。飼育員《しいくいん》は大変《たいへん》だ。

「一頭《とう》も出《で》てこなかったら、どうしよう？」

そう心配《しんぱい》したけれど、イルカショーがはじまる前《まえ》に流《なが》れるいつもの音楽《おんがく》がきこえてくると、数頭《すうとう》のイルカがオキちゃん劇場《げきじょう》に出《で》てきた。

だんだん、ほかのイルカたちも出《で》てくるようになった。オキは、最初《さいしょ》のころは、まったく出《で》てこなかったのに、そのうちに毎日《まいにち》、そして、いつのまにか一日《にち》五回《かい》のイルカショーすべてに出《で》るほどになった。

そのようすを見《み》た飼育員《しいくいん》たちは、イルカはショーに出《で》たいのではないかと感《かん》じていたのである。

出《で》たい理由《りゆう》はわからない。

ただ、海外《かいがい》の研究《けんきゅう》によると、動物《どうぶつ》はかんたんに食《た》べられる餌《えさ》よりも、ちょっととりにくくした餌《えさ》のほうを食《た》べに行《い》くことがあるという。達成感《たっせいかん》や、やりがいを感《かん》じているのではないかといわれている。

おおぜいの観客《かんきゃく》の前《まえ》で、ジャンプをすること。むずかしい技《わざ》を成功《せいこう》させて拍手《はくしゅ》をもらうこと。イルカもイルカショーに、達成感《たっせいかん》や、やりがいを感《かん》じているのではないだろうか。

サミもけがをする前《まえ》は、高《たか》いジャンプをとんで観客《かんきゃく》から大《おお》きな拍手《はくしゅ》をもらっていた。

でも、今《いま》は、ショーに出《で》られない。ほかのイルカとふれあうこともない。サミの達成感《たっせいかん》や、やりがいはどうしたらいいのだろう。

『けがをしたけれど、こんなに元気《げんき》になりました。』

『たくさん練習《れんしゅう》をして、また、みんなと泳《およ》げるようになりました。』

おおぜいの人《ひと》の前《まえ》で、どうどうと生《い》きていってもらいたい。

一頭《とう》だけの生活《せいかつ》で、いいわけがない。


「ブリヂストンに、きいてみようか。」

飼育員《しいくいん》の伊波《いは》は、植田獣医師《うえだじゅういし》にそう声《こえ》をかけられた。

ブリヂストンは、二十年近《ねんちか》く前《まえ》にフジが尾《お》びれをうしなったとき、人工尾《じんこうお》びれを作《つく》ってくれた会社《かいしゃ》だ。クルマのタイヤやゴルフボールなど、ゴムの製品《せいひん》をたくさん作《つく》っている。

人工尾《じんこうお》びれをつけたフジは、ほかのイルカたちといっしょに泳《およ》げるようになっただけでなく、高《たか》くきれいなジャンプまでとべるようになったのだ。

「ただ、フジのときに開発《かいはつ》してくれた人《ひと》はもういない。そもそも、やってくれるかどうかわからないよ。」

植田獣医師《うえだじゅういし》は、つづける。

「それにイルカは、からだになにかをつけられることをいやがる。サミに人工尾《じんこうお》びれをつける訓練《くんれん》もしなければならない。東京《とうきょう》にいるブリヂストンの技術者《ぎじゅつしゃ》と開発《かいはつ》を進《すす》めていくことも、すごく大変《たいへん》だ。それでも、最後《さいご》までやりきるというのならたのんでみる。」

フジのときに、人工尾《じんこうお》びれを作《つく》ってほしいと東京《とうきょう》までたのみに行《い》ったのは植田獣医師《うえだじゅういし》だ。人工尾《じんこうお》びれが完成《かんせい》するまでのあいだ、ブリヂストンと水族館《すいぞくかん》の意見《いけん》をまとめていく大《たい》変《へん》さはよくわかっている。

伊波《いは》は、すぐにこたえた。

「やりたいです。サミは、なにも悪《わる》くない。なのに、こんなけがをして一頭《とう》でプールにいる。サミのためにできることがあるのなら、飼育員《しいくいん》として、水族館《すいぞくかん》として、やらなければいけないと思《おも》います。」

ただ、伊波《いは》には不安《ふあん》があった。

サミが、泳《およ》げるようになる人工尾《じんこうお》びれはできるのだろうか。

けがをしたサミの尾《お》びれは、フジの尾《お》びれとはぜんぜんちがう。作《つく》るのは、もっとむずかしいはずだ。ブリヂストンでも作《つく》れるかどうかわからない。

それに人工尾《じんこうお》びれは、作《つく》ればいいというものではない。サミがつけるための訓練《くんれん》は、大《たい》変《へん》なはずだ。イルカは、一頭《とう》ずつ性格《せいかく》がちがう。のんびりタイプもいれば、神経質《しんけいしつ》なイルカ、怖《こわ》がりなイルカなどさまざまだ。

肝《きも》っ玉《たま》かあさんとよばれるほど、なんでも怖《こわ》がらずにうけいれるフジができたからといって、サミもできるとはかぎらない。もしも、泳《およ》げるようにならなかったら、サミにとっては、いやな訓練《くんれん》をやらされただけでおわってしまう。

人工尾《じんこうお》びれは、必要《ひつよう》なのだろうか。もういちど泳《およ》がせてやりたいというのは、自分《じぶん》たち人間《にんげん》の自己満足《じこまんぞく》ではないのか。

伊波《いは》は、なんども考《かんが》えた。

ゴールがあるかどうか、わからない。けれど、今《いま》のままではだめだということは、はっきりしている。

（また泳《およ》げる可能性《かのうせい》があるのなら、やりたい。）

なんど考《かんが》えても、この思《おも》いだけは変《か》わらない。

植田獣医師《うえだじゅういし》は、ブリヂストンに連絡《れんらく》した。

二〇二一年《ねん》十一月《がつ》。

サミの人工尾《じんこうお》びれプロジェクトがはじまった。

開発期間《かいはつきかん》は一年《ねん》と二か月《げつ》。ゴールは、二〇二二年《ねん》十二月《がつ》に決《き》められた。

さっそくブリヂストンの技術者《ぎじゅつしゃ》たちが、沖縄《おきなわ》にやってきた。伊波《いは》は、サミを見《み》てもらったあと、人工尾《じんこうお》びれを作《つく》るときに注意《ちゅうい》してほしいことを伝《つた》える。

こわれないこと。

かんたんに、つけはずしができること。

ずっとつけていても、サミの尾《お》びれがこすれたりして、けがをしないこと。

いちばんの問題《もんだい》は、人工尾《じんこうお》びれのつけかただった。

フジのときは、小《ち》さくなった尾《お》びれに、ゴムの人工尾《じんこうお》びれをかぶせるようにつけた。ぱっと見《み》ると、ほかのイルカと見分《みわ》けがつかないくらい自然《しぜん》な形《かたち》になる。

ところが、サミの尾《お》びれはねじれているので、おなじようにつけると人工尾《じんこうお》びれがななめになってしまう。泳《およ》ぎにくいことはあきらかだ。

どうすれば、サミにとって使《つか》いやすい人工尾《じんこうお》びれになるのか。ブリヂストンの技術者《ぎじゅつしゃ》が考《かんが》えたのは、人工尾《じんこうお》びれを三つにわけることだ。

サミの尾《お》びれにかぶせる、カバー。

イルカの尾《お》びれの形《かたち》をした、ゴム製《せい》の尾《お》びれ。

そして、この二つをつなぐ、板《いた》バネ。

東京《とうきょう》で、ブリヂストンの開発《かいはつ》がはじまった。

水族館《すいぞくかん》では、人工尾《じんこうお》びれをつけるための訓練《くんれん》がはじめられた。訓練《くんれん》は、それまでずっとサミを担当《たんとう》している飼育員《しいくいん》がおこなう。

最初《さいしょ》は、タオルからはじめてみることにした。

見《み》たことがないタオルを見《み》せられても、怖《こわ》がらずに飼育員《しいくいん》のそばにくることができ

サミの尾《お》びれにかぶせるカバー、ゴム製《せい》の人工尾《じんこうお》びれ、そのあいだをつなぐ板《いた》バネ。この3つを組《く》みあわせる。

たら餌《えさ》をあげる。次《つぎ》はタオルで、ちょいっとからだにふれてみる。ふれさせてくれるようになれば餌《えさ》だ。ハズバンダリー・トレーニングとおなじ。不安《ふあん》をとりのぞき、信頼関係《しんらいかんけい》を作《つく》りながら少《すこ》しずつ前《まえ》に進《すす》む。ちょっとずつ作戦《さくせん》だ。

けれど、なかなかうまくいかない。

サミは、タオルでふれようとするだけでいやがる。飼育員《しいくいん》が、タオルをもってプールに行《い》くだけでにげてしまい、餌《えさ》を見《み》せても近《ちか》よってこないときもある。

担当《たんとう》している飼育員《しいくいん》のことは、信頼《しんらい》しているはずだ。それでも、いやなことをうけいれてもらうにはコツと時間《じかん》がいる。そのくらい、むずかしいのである。

年《とし》があけたけれど、サミはまだ、尾《お》びれにタオルをつけることをいやがっていた。

訓練《くんれん》は、経験《けいけん》が豊富《ほうふ》な伊波《いは》にかわることになった。

伊波《いは》が訓練《くんれん》をはじめて、三か月《げつ》。

冬《ふゆ》の短《みじか》い沖縄《おきなわ》に、初夏《しょか》の日差《ひざ》しがさしはじめたころ、サミは、尾《お》びれにタオルをまかせてくれるようになった。

次《つぎ》に伊波《いは》は倉庫《そうこ》から、二十年近《ねんちか》く前《まえ》にフジが使《つか》っていた、ウェットスーツの生地《きじ》でできた訓練道具《くんれんどうぐ》をとりだしてきた。尾《お》びれにかぶせてベルトをまき、金具《かなぐ》でかちゃんととめるタイプだ。けれどサミは、はじめて見《み》る訓練道具《くんれんどうぐ》を怖《こわ》がって、伊波《いは》のそばに近《ちか》づいてこない。また、一から、こつこつとやるしかない。

ブリヂストンも、開発《かいはつ》が進《すす》んできた。

『サミの尾《お》びれがこすれたりして、けがをしないこと。』

伊波《いは》からのリクエストにこたえ、サミにかぶせるカバーの内《うち》がわにつける素材《そざい》を考《かんが》えてくれている。フジの人工尾《じんこうお》びれでも使《つか》った、ゴムでできた特別《とくべつ》なスポンジと、やわらかくて透明《とうめい》なゲル状《じょう》の素材《そざい》。この二つが候補《こうほ》にあがり、伊波《いは》のもとに送《おく》られてきた。

「髙樹《たかぎ》さん、どう思《おも》います？」

サミの小《ちい》さな尾《お》びれの具合《ぐあい》を、ていねいに確認《かくにん》している動物看護《どうぶつかんご》師《し》の髙樹《たかぎ》に、伊波《いは》は、送《おく》られてきた二つを見《み》せる。

「こっちがゴムのスポンジ。こっちのぷにぷにした、こんにゃくみたいなゲル状《じょう》のやつは、ランニングシューズのかかとにも使《つか》われている素材《そざい》らしいです。」

高樹《たかぎ》が、手《て》にとってさわってみる。どちらもサミの尾《お》びれを守《まも》ってくれそうに見《み》える。

「サミのために、いろいろ考《かん》えてくれているんですね。」

「今日《きょう》から、これを使《つか》った訓練《くんれん》をはじめます。」

伊波《いは》の言葉《ことば》に、高樹《たかぎ》が期待《きたい》のこもった表情《ひょうじょう》でうなずいた。

五月《がつ》。

ブリヂストンの技術者《ぎじゅつしゃ》たちが、美《ちゅ》ら海水族館《うみすいぞくかん》にやってきた。サミの尾《お》びれにぴったりとつけられるカバーを作《つく》るために、尾《お》びれの型《かた》をとるのだ。

ブリヂストンは、まだ開発《かいはつ》とちゅうの、大《おお》きさのちがうゴム製《せい》の尾《お》びれ、しなり具合《ぐあい》のちがう板《いた》バネも、いくつかもってきてくれた。カバーは、まだ、ダミーだ。

「いろいろ組《く》みあわせて泳《およ》いでもらい、いちばんよかったものを選《えら》んでほしいんです。」

ブリヂストンの本気《ほんき》が伝《つた》わってくる。

しかし、それをきいた伊波《いは》は、とまどった。使《つか》いくらべて、こっちがいいと選《えら》んでいくやりかたは人間《にんげん》がよくやる方法《ほうほう》だ。でも、イルカはできないのである。

伊波《いは》がサミにおこなっている、尾《お》びれになにかをつける訓練《くんれん》は、一種類《しゅるい》ずつおこなう。ちがうものは、また、最初《さいしょ》からやらなくてはいけない。もってきてくれた人工尾《じんこうお》びれは、形《かたち》はおなじでも、泳《およ》いだときのしなり具合《ぐあい》がちがえば、サミは、すぐにちがうものだとわかる。新《あたら》しいものをいきなりつけられたらサミは伊《い》波《は》を信用《しんよう》しなくなり、もうなにも、つけさせなくなるかもしれないのだ。

伊波《いは》は、ブリヂストンにそのことを説明《せつめい》する。

「今日《きょう》は、つけてくらべることはできません。そのかわり、もってきてくれた人工尾《じんこうお》びれを一つずつ、つけられるように訓練《くんれん》します。そのあとで、泳《およ》ぎかたや、サミの尾《お》びれに傷《きず》ができないかを見《み》て、なおしてほしいことを報告《ほうこく》させてください。」

伊波《いは》たち、水族館《すいぞくかん》が目指《めざ》すゴールは、ほかのイルカたちといっしょに泳《およ》げる人工尾《じんこうお》びれだ。サミの尾《お》びれに傷《きず》をつけずに、毎日《まいにち》、使《つか》えるものでなくてはいけない。

一方《いっぽう》、ブリヂストンは、サミの泳《およ》ぎがこれだけよくなったと、だれが見《み》てもわかるように、泳《およ》いだときの速《はや》さで証明《しょうめい》したいと考《かんが》えていた。

しかも、二十年近《ねんちか》く前《まえ》に開発《かいはつ》した、フジの人工尾《じんこうお》びれよりもいいもの。たとえば、一回《かい》、尾《お》びれをふったときに、フジよりも速《はや》く前《まえ》に進《すす》むことができるものだ。

そのためには、サミが泳《およ》いだときの速《はや》さをはからなければならない。

伊波《いは》は、動物看護師《どうぶつかんごし》の高樹《たかぎ》に相談《そうだん》した。

高樹《たかぎ》は大学生《だいがくせい》のときに、魚《さかな》の泳《およ》ぐ速《はや》さの研究《けんきゅう》をしていたのだ。データロガーという、泳《およ》ぐ速《はや》さをしらべる機械《きかい》を使《つか》いこなしている。

伊波《いは》の話《はなし》をきいた高樹《たかぎ》は、一瞬《いっしゅん》、顔《かお》をくもらせた。

（フジより速《はや》く泳《およ》がなくてもいい。ほかのイルカと、いっしょに泳《およ》げるようになればいいだけなのに。）

足《あし》をうしなった人《ひと》が使《つか》う義足《ぎそく》も、毎日使《まいにちつか》うものと、百メートル走《そう》などで速《はや》く走《はし》るためのものはちがう。速《はや》く泳《およ》ぐための人工尾《じんこうお》びれをつけて、サミの尾《お》びれに傷《きず》ができるようなことは、あってはならないのだ。

速《はや》さなんて、それこそ人間《にんげん》の自己満足《じこまんぞく》ではないのか。

サミの治療《ちりょう》をおこなってきた高樹《たかぎ》は、一頭《とう》でプールにいるサミをずっと見《み》てきた。サミのねじれたような尾《お》びれでは、まともにふることができないため、サミはくねくねと、魚《さかな》のようにからだを横《よこ》にふって前《まえ》に進《すす》もうとする。

今《いま》までのように、ほかのイルカたちといっしょに泳《およ》げるようになってほしい。髙樹《たかぎ》のねがいは、それだけだ。

けれど、健康《けんこう》なイルカは速《はや》く泳《およ》ぐ。いっしょに泳《およ》げるようにするのが目標《もくひょう》だとしたら、速《はや》く泳《およ》げることも大切《たいせつ》なのかもしれない。

髙樹《たかぎ》は、データロガーを手配《てはい》した。

サミが人工尾《じんこうお》びれをつけたとき、どのくらいの速度《そくど》で泳《およ》げるようになればいいのか。目《もく》標《ひょう》を決《き》めなければならない。

フジは、バンドウイルカだ。サミは、ミナミバンドウイルカ。名前《なまえ》はにているけれどちがう種類《しゅるい》で、からだもバンドウイルカのほうが大《おお》きい。まず、からだの大《おお》きさのちがいによる不公平《ふこうへい》をなくさなければいけない。

最初《さいしょ》に、サミとおなじ、ミナミバンドウイルカの泳《およ》ぐ速《はや》さをはかる。

ミナミバンドウイルカのクロとムクは、二頭《とう》ともおっとりとした性格《せいかく》で、からだにデータロガーのついた吸盤《きゅうばん》をつけてもいやがらない、たのもしいイルカたちである。

データロガーをつけてプールのなかをすいすいと泳《およ》ぎ、すぐにデータをとらせてくれた。

フジが人工尾《じんこうお》びれをつけたときの泳《およ》ぎは、二十年近《ねんちか》く前《まえ》の記録《きろく》が残《のこ》っている。ブリヂストンが、からだの大《おお》きさのちがいなどを計算《けいさん》して、サミの目標《もくひょう》となる値《あたい》が決《き》まった。

『SW値《エスダブリュー ち》　〇・四三。』

尾《お》びれをひとふりしたときに、どのくらいの速《はや》さで前《まえ》に進《すす》むかをあらわした数字《すうじ》だ。

これをこえることが目標《もくひょう》である。

夏《なつ》になり、ブリヂストンの技術者《ぎじゅつしゃ》たちが、サミの尾《お》びれの型《かた》から作《つく》った本格的《ほんかくてき》なカバーをもってきてくれた。新《あたら》しいゴム製《せい》の尾《お》びれと、板《いた》バネも数種類《すうしゅるい》ある。

「いちばんよかったものを、進化《しんか》させせたい。」

伊波《いは》が手《て》にとって見《み》てみると、これまでダミーとしてわたされていたカバーとは、つけかたがちがう。しかも、内《うち》がわにはってある素材《そざい》もちがうので肌《はだ》ざわりもちがう。

板《いた》バネのしなり具合《ぐあい》も、ゴム製《せい》の尾《お》びれの重《おも》さもちがった。

つまり、サミにとっては、はじめてだらけである。

（サミは、つけさせてくれるのか？）

伊波《いは》はまよったけれど、サミがいやがらずにつけてくれそうな、いちばんいい組《く》みあわせを一つだけ選《えら》んでテストすることにした。

新《あたら》しい人工尾《じんこうお》びれを見《み》て、サミが近《ちか》よってこないのではないかと心配《しんぱい》したけれど、ちゃんと近《ちか》くにきてつけさせてくれる。

高樹《たかぎ》からうけとった、データロガーもつける。ふしぎなことにサミは、データロガーをつける訓練《くんれん》のときは、最初《さいしょ》からいやがらずにつけさせてくれていた。

「じゃ、いきますね。」

伊波《いは》が、全員《ぜんいん》に伝《つた》える。プールサイドがしずかになる。

（泳《およ》げ！）

伊波《いは》の手《て》のサインを見《み》たサミが、泳《およ》ぎはじめた。

けれどその泳《およ》ぎかたは、めちゃくちゃだった。

うしろから見《み》ると、尾《お》びれが、じたばたと×印《じるし》を書《か》くように動《うご》いている。少《すこ》しでも前《まえ》に進《すす》もうとしているのはわかるけれど、美《うつく》しいイルカの泳《およ》ぎとはまったくちがう。

ブリヂストンの技術者《ぎじゅつしゃ》たちが、びっくりしている。

伊波《いは》は、サミを見守《みまも》った。

（人工尾《じんこうお》びれを使《つか》いこなせば、また、しっかりと前《まえ》に進《すす》めるようになるんだ。）

それは、サミに伝《つた》えたい言葉《ことば》でもあり、自分自身《じぶんじしん》にいいきかせている言葉《ことば》でもあった。

まだ、やるべきことはたくさんある。


ブリヂストンの技術者《ぎじゅつしゃ》たちが東京《とうきょう》にもどったあと、伊波《いは》は考《かんが》えた。

今回《こんかい》、サミにテストをした人工尾《じんこうお》びれは、一つだけだ。しかし、ブリヂストンは何種類《なんしゅるい》も作《つく》り、わざわざ沖縄《おきなわ》まできてくれる。飼育員《しいくいん》として、せめて二つは、つけかえて泳《およ》ぐところを見《み》せてあげたい。

伊波《いは》は、はらをくくった。

その場《ば》でつけかえられるよう、サミを訓練《くんれん》するしかない。

そんな訓練《くんれん》、今《いま》までやったことがない。できるようになったイルカも見《み》たことがない。

しかし、十二月《がつ》のゴールはせまってくる。

「できるようにする！」

伊波《いは》は、自分自身《じぶんじしん》に宣言《せんげん》した。

ブリヂストンの技術者《ぎじゅつしゃ》たちが東京《とうきょう》に帰《かえ》った次《つぎ》の日《ひ》から、伊波《いは》は毎日《まいにち》、サミにちがうものをつける訓練《くんれん》をはじめた。

がさがさとした肌《はだ》ざわりの布《ぬの》。

タオルの生地《きじ》でできた、のびちぢみするリストバンド。

ウェットスーツとおなじ生地《きじ》の切《き》れはし。

サミが、とまどっているのがわかる。けれど、ゴールを信《しん》じて訓練《くんれん》あるのみだ。

ブリヂストンの技術者《ぎじゅつしゃ》たちもサミのために、訓練用《くんれんよう》の道具《どうぐ》を作《つく》り、送《おく》ってきてくれた。

ジャージのようにのびる生地《きじ》で作《つく》った、くつ下《した》のような形《かたち》。尾《お》びれにすっぽりとかぶせられるものだ。

色《いろ》は青《あお》というのが、しゃれている。

ところがそんな彼《かれ》らのきもちも知《し》らず、サミは、とんでもなくいやがった。どうしてこれが気《き》にいらないのか、まったくわからないのだが、伊波《いは》がためしたなかで、だんとつのいやがりぶりだった。

九月《がつ》。ブリヂストンの技術者《ぎじゅつしゃ》たちが、改良《かいりょう》した人工尾《じんこうお》びれをもってやってきた。ブリヂストンの自信作《じしんさく》だ。

伊波《いは》の訓練《くんれん》のかいもあって、サミは、さまざまなものをつけられるようになっていた。

新《あたら》しくなったカバーを見《み》ても、すぐに伊波《いは》のそばにきてつけさせてくれる。

(いいぞ。)

しかし、問題《もんだい》はそのあとだった。

新作《しんさく》の人工尾《じんこうお》びれをつけたサミは、みごとなまでにういていたのである。

「尾《お》びれをふらない!」

ぷかぷかとうくだけのサミを見《み》て、がくぜんとするブリヂストンの技術者《ぎじゅつしゃ》たち。伊波《いは》も、なにがおこっているのかわからない。

つけ心地《ごこち》が悪《わる》いのか？　重《おも》いのか？

伊波《いは》は、そのとき理解《りかい》した。サミにしてみれば、伊波《いは》との訓練《くんれん》は、『いろんなものを、つけろといわれたのでつけさせてあげた。でも、つけたまま泳《およ》げとはいわれていない。』

だったのだ。伊波《いは》が、なんど泳《およ》げのサインを出《だ》しても、餌《えさ》を見《み》せても、サミはがんとして泳《およ》ごうとしなかった。

今日《きょう》のテストは、おわりにするしかない。

しかし、ブリヂストンの技術者《ぎじゅつしゃ》たちはあきらめなかった。尾《お》びれをふって前《まえ》に進《すす》みやすいことがわかれば、泳《およ》いでくれるはずなのだ。

「プールサイドで、見《み》ていていいですか。」

技術者《ぎじゅつしゃ》たちは、プールサイドではりこんだ。九月《がつ》の沖縄《おきなわ》の直射日光《ちょくしゃにっこう》にさらされながら、じっと三時間《じかん》ねばる。けれどサミは、尾《お》びれをひとふりもしなかった。

技術者《ぎじゅつしゃ》の一人《ひとり》が、伊波《いは》にたずねる。

「ほかのイルカがプールにいたら、泳《およ》ぐんじゃないでしょうか。」

「やってみましょう。」

伊波《いは》は、フジのむすめのコニーを、サミのいるプールに入《い》れる。

コニーが、プールのなかを泳《およ》ぎまわる。自由《じゆう》に、きもちよさそうに。

それでもサミは、かたくなにうきつづけた。技術者《ぎじゅつしゃ》たちは、がっかりして東京《とうきょう》に帰《かえ》っていった。


伊波《いは》と技術者《ぎじゅつしゃ》たちは、沖縄《おきなわ》と東京《とうきょう》をつなぐリモート会議《かいぎ》で話《はな》しあっていた。

『泳《およ》いでもらわないことには、話《はなし》にならない。』

そのとおりだ。ここは、飼育員《しいくいん》としてなんとかしなくてはならない。

しかし、伊波《いは》はなやんでいた。最初《さいしょ》に感《かん》じていた不安《ふあん》が、またおそってきたのだ。これまでサミには、ずいぶんむりをさせている。それに、サミはまだ、人工尾《じんこうお》びれをつければ、泳《およ》ぎやすくなることは理解《りかい》していない。

伊波《いは》との訓練《くんれん》は、いやでしかたがないかもしれない。

ほかのイルカといっしょに泳《およ》げるようにしてあげたい。そのきもちは、今《いま》も変《か》わらない。でも、あの泳《およ》ぎかた。×印《じるし》を書《か》くような、めちゃくちゃな泳《およ》ぎかただ。今《いま》、開発《かいはつ》している人工尾《じんこうお》びれをつければ、ほんとうに今《いま》までのように泳《およ》げるようになるのだろうか。もしもこの先《さき》にゴールがないのなら、今《いま》、伊波《いは》たちがやっていることは、まったく意味《いみ》のないことかもしれない。

このまま新《あたら》しい訓練《くんれん》までさせて、ほんとうにいいのだろうか。

けれど、植田獣医師《うえだじゅういし》と、最後《さいご》までやると約束《やくそく》をした。それが、はじめるときの条件《じょうけん》だ。

伊波《いは》は、不安《ふあん》をふりはらった。

ブリヂストンとサミを信《しん》じて、前《まえ》に進《すす》む。

人工尾《じんこうお》びれをつけたまま、しっかりと尾《お》びれをふって泳《およ》ぐようにする訓練《くんれん》がはじまった。

伊波《いは》は、どうすれば、サミが尾《お》びれを上下《じょうげ》にふれるようになるのか考《かんが》えた。

(以前《いぜん》のサミは、ボールバランスができていた。)

水面《すいめん》からあたまを出《だ》し、ボールを口《くち》の先《さき》にのせて、バランスをとりながらプールサイドまでもどってくる技《わざ》だ。そのとき尾《お》びれは、思《おも》いきり上下《じょうげ》にふられている。

伊《い》波《は》は、プールサイドからボールを投《な》げいれてみた。

(とってこい!)

ボールバランスのサインを出《だ》す。サミが、ボールにむかって、からだを横《よこ》にくねらせながら泳《およ》いでいく。

(よし、いいぞ。)

サミが、ボールのそばにつく。

ここからだ。口先《くちさき》にのせてもどるとき、尾《お》びれを上下《じょうげ》にふってくれ。

伊《い》波《は》が、期待《きたい》のまなざしでサミを見《み》つめる。ところがサミは、ボールをくわえて遊《あそ》びはじめ、そのままプールサイドにもどってこなくなった。

(…………)

伊《い》波《は》は、さまざまなイルカの訓練方法《くんれんほうほう》だけでなく、人間《にんげん》のリハビリテーションの資料《しりょう》をかたっぱしから読《よ》み、ある方法《ほうほう》を思《おも》いついた。

名《な》づけて『ほじょ輪《りん》なしの自転車《じてんしゃ》に、のれるようになろう作戦《さくせん》』である。

子《こ》どもがほじょ輪《りん》のない自転車《じてんしゃ》にのる練習《れんしゅう》をするときは、だれかにうしろをささえてもらう。うしろの人《ひと》は、『もっているよ、だいじょうぶだよ。』というけれど、いつのまにか手《て》をはなしていて、それを知《し》らずにペダルをこぎつづけているうちに、のれてしまうというものだ。

これをサミにも、やってみる。

サミの前《まえ》で飼育員《しいくいん》に、尾《お》びれをふれというサインを出《だ》しつづけてもらう。人《ひと》が立《た》てるほどの水深《すいしん》のプールで伊波《いは》は、サミの尾《お》びれをつかんで上下《じょうげ》に動《うご》かす。サミが、自分《じぶん》で上下《じょうげ》に尾《お》びれをふりはじめたら手《て》をはなす。

サインが出《で》ているあいだ、尾《お》びれをふりつづければ餌《えさ》がもらえるので、サミはそのままずっとおなじ動《うご》きをつづけるというわけだ。

この作戦《さくせん》は、思《おも》いのほかうまくいった。サミは、伊波《いは》が手《て》をはなしたことに気《き》づかずに、上下《じょうげ》にふりつづけるではないか。

訓練《くんれん》をはじめて二週間《しゅうかん》で、サミは、最初《さいしょ》から自分《じぶん》で尾《お》びれを上下《じょうげ》にふれるようになった。次《つぎ》は、尾《お》びれを上下《じょうげ》にふったまま、プールを一周《しゅう》、泳《およ》ぐ訓練《くんれん》である。

餌《えさ》を、サミの口元《くちもと》に投《な》げる。

サミは、尾《お》びれを上下《じょうげ》にふりながら餌《えさ》にむかう。餌《えさ》を食《た》べたら、さらにサミの口元《くちもと》の先《さき》に投《な》げる。するとサミは、その餌《えさ》にもむかっていく。プールを一周《しゅう》するように餌《えさ》を投《な》げると、サミは、餌《えさ》を追《お》いかけるようにして食《た》べに行《い》く。

これもうまくいき、サミは餌《えさ》がなくてもプール一周《しゅう》の距離《きょり》を泳《およ》げるようになった。

十月《がつ》。ブリヂストンの技術者《ぎじゅつしゃ》たちが、十二月《がつ》のゴール前《まえ》の最後《さいご》のテストにやってきた。さらによくなった人工尾《じんこうお》びれは、サミに負担《ふたん》のないよう軽《かる》く作《つく》られている。ただ、カバーとゴム製《せい》の尾《お》びれをつないでいる板《いた》バネが、うすくておれそうだ。

伊波《いは》は、心配《しんぱい》になってたずねた。

「この板《いた》バネ、おれませんか。」

すると、ブリヂストンの技術者《ぎじゅつしゃ》は、自信《じしん》たっぷりにこたえる。

「おれません。うちの技術者《ぎじゅつしゃ》が選《えら》びぬいたとても強《つよ》い素材《そざい》ですから。」

ブリヂストンが選《えら》びぬいた。なんだかすごい素材《そざい》だ。

だというのに、サミが、わずか一周泳《しゅうおよ》いだところで板《いた》バネはあっさりおれた。

「おれている！」

プールの底《そこ》に、こわれたパーツがおちている。

（やばい。早《はや》くとらないと、サミが、ひっかけてけがをするかもしれない。）

伊波《いは》があせっていると、サミがパーツにむかって泳《およ》いでいく。

（ああ……。）

すると、サミはプールの底《そこ》にもぐってパーツをくわえ、そのままもどってきた。

（はい。とってきたよ。）

そんな表情《ひょうじょう》で、伊波《いは》の前《まえ》にさしだしている。

これには、今《いま》までの訓練《くんれん》が関係《かんけい》している。

水族館《すいぞくかん》のイルカたちは、好奇心《こうきしん》が強《つよ》く、プールでなにかを見《み》つけたら口《くち》にくわえて遊《あそ》ぶことがある。ただ、イルカは葉《は》っぱを消化《しょうか》できないので、プールに葉《は》っぱがういているときは、イルカがうっかり飲《の》みこんでしまう前《まえ》に、飼育員《しいくいん》があわてて網《あみ》ですくっていた。

けれど、葉《は》っぱを飼育員《しいくいん》のところまでもってきたら餌《えさ》をあげるように訓練《くんれん》したら、できるようになったのだ。台風《たいふう》が沖縄《おきなわ》を直撃《ちょくげき》したあとは、プールに大量《たいりょう》の葉《は》っぱがういているる。イルカたちは、次《つぎ》から次《つぎ》へと葉《は》っぱをもってくるため、ごほうびとしてあたえる餌《えさ》がなくなってしまうのだが。

サミは、こわれたパーツをくわえて、得意《とくい》そうに伊波《いは》に見《み》せている。

伊波《いは》はパーツをうけとり、手《て》にいっぱいの餌《えさ》をサミにあたえた。

このあと板《いた》バネはじょうぶになり、おれないようになった。

プロジェクトのゴールの日《ひ》が近《ちか》づいてきたとき、伊波《いは》のもとにブリヂストンから連絡《れんらく》があった。ゴールの日《ひ》には、いつもの技術者《ぎじゅつしゃ》だけでなく部長《ぶちょう》もくるという。

「部長《ぶちょう》って?」

「今回《こんかい》の、責任者《せきにんしゃ》ってこと?」

伊波《いは》と髙樹《たかぎ》は、わくわくしてきた。

「これまでの訓練《くんれん》の成果《せいか》を、見《み》てもらいたいですね。」

「ぜったいに成功《せいこう》させましょう！」

ゴールまで、あと一か月《げつ》。伊波《いは》のやるべきことは当日《とうじつ》にあわせて、サミのやる気《き》を出《だ》させることだった。サミは、その日《ひ》の気分《きぶん》や体調《たいちょう》によって、尾《お》びれの動《うご》かしかたがまったくちがう。最終《さいしゅう》テストの日《ひ》に、いちばんいい泳《およ》ぎができるようにしたい。

イルカのやる気《き》を、決《き》まった日《ひ》にあわせるなんて今《いま》まで考《かんが》えたこともない。しかも、明日《あした》や明後日《あさって》ならともかく、一か月前《げつまえ》からやる気《き》を最高潮《さいこうちょう》に高《たか》めていくなんて、まるで、四年前《ねんまえ》から試合《しあい》の日《ひ》にあわせて調整《ちょうせい》していくオリンピック選手《せんしゅ》のようだ。気《き》が遠《とお》くなる。

やる気《き》を出《だ》させるためには、ほめること。それはわかっているのだが、どのくらいほめるかがむずかしい。

ほめて、ほめて、ほめまくっていたら、サミが、ほめられることになれてしまう。訓練《くんれん》も、たくさんやりたいけれど、毎日《まいにち》めいっぱいやるといやがられてしまう。やる気《き》を一気《いっき》に高《たか》めてしまったら、そのあと、急《きゅう》にやる気《き》をなくしかねない。上《あ》がったり下《さ》がったりするサミのきもちの波《なみ》を、どうすれば最終《さいしゅう》テストの日《ひ》に、最高《さいこう》にできるだろう。

伊波《いは》は、注意《ちゅうい》ぶかくサミのようすを見《み》て、くふうしていった。

訓練《くんれん》は、二日《ふつか》やって次《つぎ》の日《ひ》は休《やす》み。昨日《きのう》は三十分《ぷん》やったけれど、今日《きょう》は五分《ふん》だけでおわり。サミがあきないよう、訓練《くんれん》をいやがらないように、とにかくサミの目《め》の動《うご》きや、からだの動《うご》きのわずかなちがいも見《み》のがさないように訓練《くんれん》の内容《ないよう》を考《かんが》えていく。

ときどき、データロガーをつけて、速度《そくど》をしらべる。けれど、なかなかブリヂストンと決《き》めた目標値《もくひょうち》をこえられないでいた。


最終《さいしゅう》テスト、二日前《ふつかまえ》。

（あれ？）

サミの反応《はんのう》がいい。今《いま》まで見《み》たことがないほどの、やる気《き》が伝《つた》わってくる。伊波《いは》は、高樹《たかぎ》のいる動物健康管理室《どうぶつけんこうかんりしつ》に走《はし》っていった。

「髙樹《たかぎ》さん、サミ、めっちゃ調子《ちょうし》がいいんです。データロガー、つけてみましょう！」

「はい！」

髙樹《たかぎ》が、データロガーを準備《じゅんび》してプールに走《はし》っていく。

人工尾《じんこうお》びれとデータロガーをつけたサミは、伊波《いは》のサインを見《み》てプールを一周《しゅう》、いきおいよく泳《およ》いでもどってきた。

すぐに数値《すうち》を確認《かくにん》した髙樹《たかぎ》が、笑顔《えがお》で伊波《いは》の顔《かお》を見《み》た。

「伊波《いは》さん、出《で》ました！　目標値《もくひょうち》をこえましたよ！」

「やった！」

「ブリヂストンに、連絡《れんらく》しましょうか？」

伊波《いは》は少《すこ》し考《かんが》えて、いたずらっぽく笑《わら》う。

「いや、ないしょにしておきましょう。明後日《あさって》、ブリヂストンがきたときに、びっくりさせましょう。」

髙樹《たかぎ》も、にっこり笑《わら》ってうなずいた。


ついに最終《さいしゅう》テストの日《ひ》になった。ブリヂストンの技術者《ぎじゅつしゃ》たちは今回《こんかい》も、大量《たいりょう》の新作《しんさく》とともにやってきた。いつものメンバーに加《くわ》えて、部長《ぶちょう》もいっしょにきている。

技術者《ぎじゅつしゃ》たちは、少《すこ》し緊張《きんちょう》している。今回《こんかい》が最後《さいご》のテスト。なんとしても目標値《もくひょうち》をクリアさせなければならないのだ。

だけど、伊波《いは》も髙樹《たかぎ》も、自信《じしん》があった。

サミは、今朝《けさ》も餌《えさ》への反応《はんのう》がいい。絶好調《ぜっこうちょう》なのである。

ブリヂストンの技術者《ぎじゅつしゃ》たちがもってきたのは、カバーが、二種類《しゅるい》。ゴム製《せい》の尾《お》びれが、四種類《しゅるい》。そして、それらをつなぐ板《いた》バネが四種類《しゅるい》。

二×四×四で、三十二パターンだ。

いくらサミの調子《ちょうし》がいいとはいえ、三十二回《かい》もつけたりはずしたりして泳《およ》がせるのはむりだ。伊波《いは》は、さっとぜんぶを確認《かくにん》し、サミがきもちよく泳《およ》げそうな組《く》みあわせを四つ選《えら》んだ。

「この四パターンで、やらせてください。」

髙樹《たかぎ》が、伊波《いは》にデータロガーをわたす。

サミは、伊波《いは》のそばにすっとよってきて、おとなしくしている。

人工尾《じんこうお》びれとデータロガーをつけおわると、口《くち》をあけて餌《えさ》をねだる。サミは、まっすぐに伊波《いは》を見《み》つめている。

（いい表情《ひょうじょう》だ。）

サミの目《め》は、次《つぎ》のサインをまっているようだ。

（いけ！）

伊波《いは》がサインを出《だ》すとサミは、ぱっと水《みず》のなかにあたまを入《い》れて泳《およ》ぎはじめた。

プールを一周《しゅう》。しっかりと尾《お》びれを上下《じょうげ》にふっている。

（よし！）

もどってきたサミから、データロガーをはずす。

その場《ば》でたしかめると、最初《さいしょ》の人工尾《じんこうお》びれで、いきなりいい数字《すうじ》が出《で》ている。

「いいと思《おも》います！」

人工尾《じんこうお》びれをつけ、尾《お》びれを上下《じょうげ》にふって泳《およ》げるようになったサミ。

髙樹《たかぎ》がそう伝《つた》えると、緊張《きんちょう》していたブリヂストンの技術者《ぎじゅつしゃ》たちがほっとしている。

ただ、正確《せいかく》な結果《けっか》は、パソコンで時間《じかん》をかけて確認《かくにん》しないとわからない。髙樹《たかぎ》はデータロガーをうけとると、ブリヂストンの解析担当者《かいせきたんとうしゃ》といっしょに動物健康管理室《どうぶつけんこうかんりしつ》にむかう。

午前中《ごぜんちゅう》は二パターン、午後《ごご》に二パターンの人工尾《じんこうお》びれをつける。サミは、四回《かい》とも、きれいに一周泳《しゅうおよ》いでみせた。

夕方《ゆうがた》、パソコンで確認《かくにん》した午前《ごぜん》の結果《けっか》が出《で》た。

「伊波《いは》さん、最高値《さいこうち》です！　おとといよりもいい数字《すうじ》です！」

翌朝《よくあさ》、四パターンすべての結果《けっか》が出《で》ると、ぜんぶ目標値《もくひょうち》をこえていた。伊波《いは》が、これがいいと思《おも》って選《えら》んだ最初《さいしょ》につけた人工尾《じんこうお》びれが、いちばんいい数字《すうじ》を記録《きろく》していた。

海獣課《かいじゅうか》の事務所《じむしょ》が、拍手《はくしゅ》につつまれた。

ブリヂストンは、報道関係者《ほうどうかんけいしゃ》にむけてニュースリリースを出《だ》した。

『尾《お》びれを損傷《そんしょう》したイルカ「サミ」の人工尾《じんこうお》びれを開発《かいはつ》、仲間《なかま》たちとの共生《きょうせい》を支援《しえん》』

けれど、これはゴールではない。サミにも水族館《すいぞくかん》の飼育員《しいくいん》たちにとっても、ここはスタートだ。今《いま》はまだ、プールをほんの一周《しゅう》、泳《およ》げるようになっただけ。人工尾《じんこうお》びれのゴールは、サミがほかのイルカたちといっしょに泳《およ》げるようになることだ。

これからは、長《なが》い時間《じかん》つけられるように、訓練《くんれん》をおこなっていこう。

ブリヂストンの技術者《ぎじゅつしゃ》たちが東京《とうきょう》に帰《かえ》った翌日《よくじつ》、伊波《いは》は、人工尾《じんこうお》びれをサミにつけたまま、一時間《じかん》ほどようすを見《み》ることにした。

ところがサミは、尾《お》びれをふらず、ういたままになった。

サミにしてみたら、プールを一周《しゅう》、泳《およ》げばいいと訓練《くんれん》をうけてきたのに、急《きゅう》につけたままにされたので、とまどっているようだった。

そのあとサミは、人工尾《じんこうお》びれをほとんどつけさせてくれなくなった。

また、新《あら》たな試練《しれん》がおとずれた。でも、一つのりこえたら、見《み》えなかったなにかが見《み》えてくる。その先《さき》にあるのは、きっとゴールだ。

サミが、ほかのイルカたちとまた、泳《およ》げる日《ひ》がくると信《しん》じて前《まえ》に進《すす》みたい。

水族館《すいぞくかん》の、新《あら》たな挑戦《ちょうせん》がはじまっている。

サミの人工尾びれプロジェクト　〜　もういちど仲間と泳ぐために

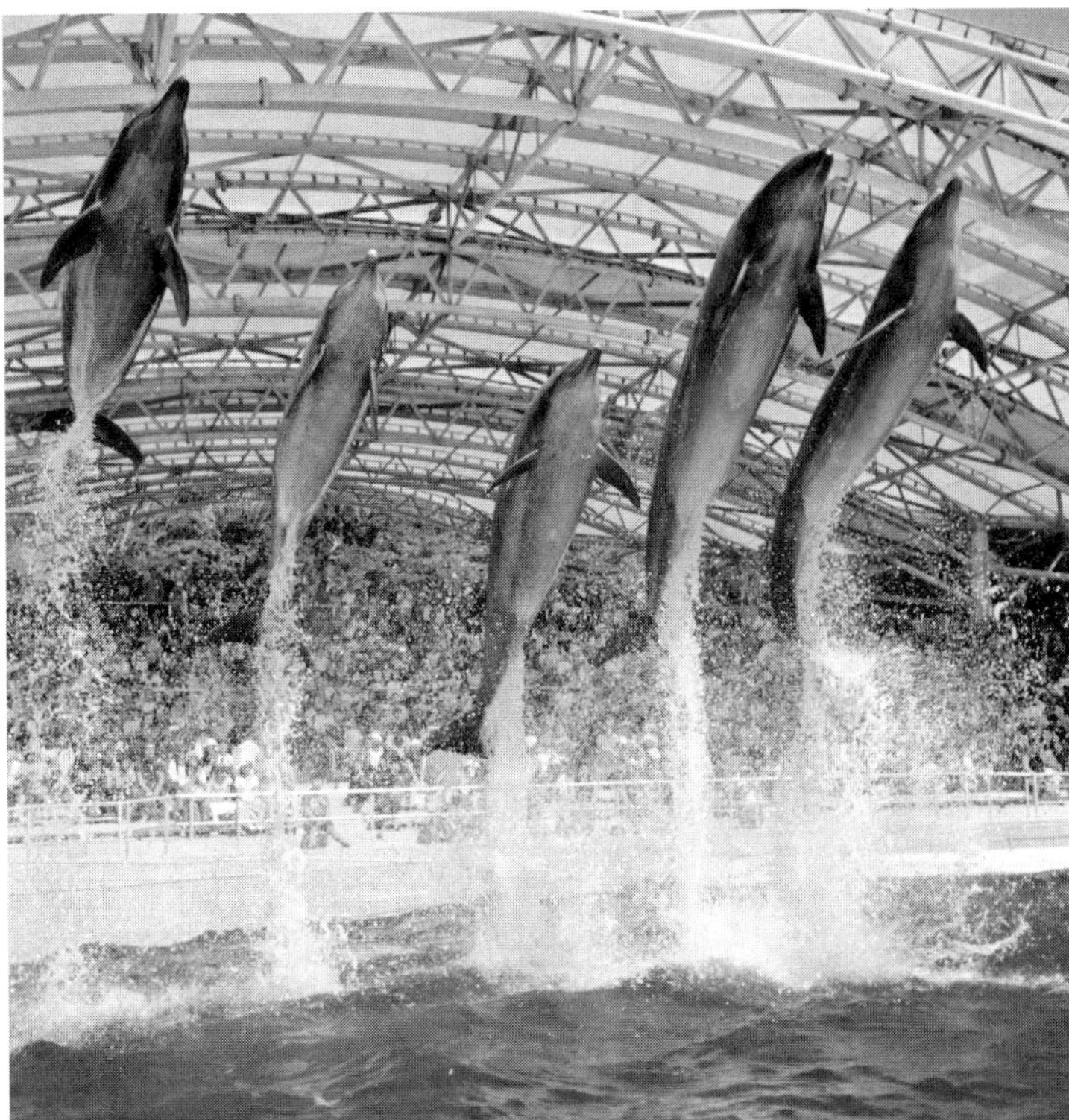

第《だい》4章《しょう》

ヒブダイ

けがをした魚《さかな》を〝熱帯魚《ねったいぎょ》の海《うみ》〟にもどすまで

美《ちゅ》ら海《うみ》水《すい》族《ぞく》館《かん》の館《かん》内《ない》にはいると、まずはじめに〝イノーの生《い》き物《もの》たち〟の水《すい》そうがある。

イノーは沖《おき》縄《なわ》の方《ほう》言《げん》で、サンゴ礁《しょう》にかこまれた浅《あさ》い海《うみ》という意《い》味《み》だ。

水《すい》深《しん》が三十センチほどの小《ち》さな浅《あさ》瀬《せ》のような水《すい》そうには、ヒトデやナマコ、ウニやカニなどがいて、さわれるほど近《ちか》くで見《み》ることができる。

先《さき》に進《すす》むと、〝サンゴの海《うみ》〟。

水《すい》そうの上《うえ》に屋《や》根《ね》はなく、沖《おき》縄《なわ》の強《つよ》い太《たい》陽《よう》の光《ひかり》が、剣《けん》をつきたてるように水《すい》そうのなかにまっすぐにさしこんでいる。

風《かぜ》で水《すい》面《めん》がゆれると、光《ひかり》もきらきらとゆれる。

「わあ、きれい！」

「ママ、見《み》て！」

小《ちい》さな子《こ》どもたちが、はしゃいでいる。

水《すい》そうにいる色《いろ》とりどりのサンゴは、初《しょ》夏《か》になると夜《よる》、卵《たまご》を産《う》む。たくさんの小《ち》さな卵《たまご》は、ゆっくりと水《すい》面《めん》にむかうように水《すい》そうのなかにひろがっていく。

サンゴは、きれいな海《うみ》でしか生《い》きることができない。美《ちゅ》ら海水族館《うみすいぞくかん》の水《すい》そうが、いかに自然《しぜん》の海《うみ》に近《ちか》くて快適《かいてき》かということがわかる。

〝サンゴの海《うみ》〟には、色《いろ》あざやかな熱帯魚《ねったいぎょ》も泳《およ》いでいる。

ピンク色《いろ》のハナゴイ。青《あお》い魚《さかな》は、ナンヨウハギ、ハナタカサゴ。むれで泳《およ》ぐ、デバスズメダイ。あざやかな黄色《きいろ》の魚《さかな》は、フエヤッコダイ、ミスジチョウチョウウオだ。

小《ちい》さなエイも、ひらひらと泳《およ》いでいる。

底《そこ》を見《み》ると、ヒトデやアサヒガニもいる。

〝サンゴの海《うみ》〟から先《さき》に進《すす》んだところにあるのが、〝熱帯魚《ねったいぎょ》の海《うみ》〟。〝サンゴの海《うみ》〟よりも大《おお》きな魚《さかな》たちがいる水《すい》そうだ。

ひたいがツノのように出《で》ているテングハギ。イソギンチャクをすみかにしているクマノミ。かわいい顔《かお》でふわふわ泳《およ》ぐネズミフグ。底《そこ》のあたりの岩《いわ》かげには、怖《こわ》い顔《かお》をしたドクウツボもいる。

ここには、百八十種類《しゅるい》ほどの魚《さかな》たちが、生活《せいかつ》している（二〇二四年《ねん》一月時点《がつじてん》）。

さらに進《すす》んだ先《さき》に、ジンベエザメやマンタがいる〝黒潮《くろしお》の海《うみ》〟があり、〝サメ博士《はかせ》の部《へ》屋《や》〟、深海魚《しんかいぎょ》のいる〝深層《しんそう》の海《うみ》〟へとつづいていく。

水族館《すいぞくかん》には、こうしたはなやかなところから見《み》えないバックヤードにも、さまざまな大《おお》きさの水《すい》そうがならんでいる。

海《うみ》からつれてきた魚《さかな》たちには、ここでまず、薬《くすり》のはいった水《すい》そうに入《い》れる薬浴《やくよく》をする。感染症《かんせんしょう》をひきおこす細菌《さいきん》や寄生虫《きせいちゅう》をもっているかもしれないからだ。さらに、海《うみ》からきたばかりの魚《さかな》は、餌《えさ》を食《た》べないこともあるので、餌《えさ》を食《た》べられるようにする。

ここでは、水族館《すいぞくかん》で具合《ぐあい》が悪《わる》くなった魚《さかな》たちを治療《ちりょう》することもある。

水族館《すいぞくかん》にいる生《い》き物《もの》たちの敵《てき》は、四つ。

細菌《さいきん》、真菌《しんきん》、ウイルス、寄生虫《きせいちゅう》。寄生虫《きせいちゅう》は、目《め》に見《み》えるくらいの大《おお》きさのものと、顕微《けんび》鏡《きょう》を使《つか》わないと見《み》えないものがいる。

ただ、こうした敵《てき》がいても、魚《さかな》たちがいる水《すい》そうのなかをととのえれば、病気《びょうき》になりにくくなることもわかっている。だから魚類課《ぎょるいか》の飼育員《しいくいん》たちは、いつも注意《ちゅうい》ぶかく魚《さかな》たちを見守《みまも》りながら、自然《しぜん》に近《ちか》く、魚《さかな》たちがすみやすい水《すい》そうを心《こころ》がけているのだ。

しかし、こうした努力《どりょく》をしても、具合《ぐあい》が悪《わる》くなる魚《さかな》がいる。水族館《すいぞくかん》の水《すい》そうは、海水《かいすい》をそのまま使《つか》っているので多《おお》くの微生物《びせいぶつ》がいる。それに、餌《えさ》にする魚《さかな》に、なにかついていることがあるかもしれない。

感染症《かんせんしょう》を、完全《かんぜん》になくすのは不可能《ふかのう》なのだ。

そんなときは、動物健康管理室《どうぶつけんこうかんりしつ》の出番《でばん》である。細菌《さいきん》などの検査《けんさ》をおこなうのは、動物健《どうぶつけん》康管理室《こうかんりしつ》、魚類《ぎょるい》の検査担当《けんさたんとう》、佐野真奈実《さのまなみ》。魚類《ぎょるい》のための検査室《けんさしつ》は、イルカなど海獣《かいじゅう》のための検査室《けんさしつ》とはべつに、水族館《すいぞくかん》の建物《たてもの》のなかにある。

〝熱帯魚《ねったいぎょ》の海《うみ》〟への餌《えさ》やりの時間《じかん》になると、飼育員《しいくいん》は水《すい》そうの上《うえ》にやってくる。

六メートルもある棒《ぼう》の先《さき》に餌《えさ》のはいったザルをつけて、水《すい》そうのまんなかあたりでゆすと、餌《えさ》が水《みず》のなかにぱあっとひろがり、魚《さかな》たちがわれ先《さき》にと食《た》べにくるのだ。

魚《さかな》たちが、すばやい泳《およ》ぎをするので観客《かんきゃく》にも大人気《だいにんき》。すごいすごいと観客《かんきゃく》が笑顔《えがお》になるそのうしろで、べつの飼育員《しいくいん》が魚《さかな》たちの動《うご》きを見《み》つめている。

ちゃんと食《た》べているか。

餌《えさ》に反応《はんのう》していない魚《さかな》はいないか。

食《た》べることは、生《い》きること。餌《えさ》を見《み》ても食《た》べに行《い》こうとしない魚《さかな》は、具合《ぐあい》が悪《わる》いのだ。餌《えさ》の時間《じかん》だけでなく、朝《あさ》、水族館《すいぞくかん》にくると飼育員《しいくいん》たちはまず、水《すい》そうのなかを見《み》わたして、弱《よわ》った魚《さかな》やおかしな動《うご》きをする魚《さかな》がいないかしらべていく。


「あれ？」

二〇一八年《ねん》、秋《あき》。朝《あさ》、〝熱帯魚《ねったいぎょ》の海《うみ》〟のなかを見《み》ていた、飼育員《しいくいん》の馬渕裕一朗《まぶちゆういちろう》が一匹《ぴき》の魚《さかな》に目《め》をとめた。

メスのヒブダイだ。

ヒブダイは、全長《ぜんちょう》が六十センチメートルくらいある魚《さかな》で、オスとメスは色《いろ》がちがう。オスは黄色《きいろ》を下地《したじ》に、水色《みずいろ》のインクをたらしてひろげたような色《いろ》。メスは、黄色《きいろ》に水色《みずいろ》のしまもようがはいっている。いかにも沖縄《おきなわ》のまわりの、あたたかい海《うみ》にいる魚《さかな》といった色《いろ》だ。

ヒブダイは、むれを作《つく》って生活《せいかつ》する。オス一匹《ぴき》に、メスが十匹《ぴき》ほどあつまり、一つのむれを作《つく》るのだ。〝熱帯魚《ねったいぎょ》の海《うみ》〟は、七百トンもの水《みず》がはいる大《おお》きな水《すい》そうだけれど、海《うみ》にくらべればせまい。このなかにオスを二匹《ひき》入《い》れてしまうとケンカになり、どちらかが死《し》ぬまでたたかってしまうため、水族館《すいぞくかん》では一匹《ぴき》のオスが作《つく》る、一つのむれを飼育《しいく》していた。

そのうちの一匹《ぴき》のメスの、からだの右《みぎ》がわ。ちょうど胸《むな》びれのうしろあたりが、一センチメートル四方《しほう》くらいの大《おお》きさで赤《あか》くなっている。昨日《きのう》までは、なかったはずだ。

背《せ》びれのほうから見《み》ると、からだの右《みぎ》がわがぷっくりとはれている。自分《じぶん》で、なにかにぶつかったとは思《おも》えない。ほかの魚《さかな》と、ケンカをしたのかもしれない。

ヒブダイのメス。

（でも、なぜ？）

ヒブダイはメスからオスに変《か》わることがある、ふしぎな魚《さかな》である。傷《きず》ついたメスは、ほかのメスにくらべてからだが大《おお》きかった。

（もしかして、メスからオスに変《か》わろうとしていたのか？）

だから、もとからいたオスが攻撃《こうげき》したのかもしれない。

しかしそれも、馬渕《まぶち》の想像《そうぞう》でしかない。ほんとうのことは、わからない。

魚類課《ぎょるいか》の飼育員《しいくいん》たちで話《はな》しあい、少《すこ》しだけようすを見《み》ることにした。魚《さかな》は、傷《きず》があっても自然《しぜん》になおることが多《おお》いのだ。

翌朝《よくあさ》、開館前《かいかんまえ》に、傷《きず》ができたヒブダイのようすを見《み》る。水《すい》そうの外《そと》からだけではなく、飼育員《しいくいん》がウェットスーツを着《き》て水《すい》そうのなかにはいり、近《ちか》くまで泳《およ》いでいく。

傷《きず》ついたところは赤《あか》くなっているものの、ウロコがはがれたわけではない。このまま、なおるのではないか。そう期待《きたい》していたけれど、数日後《すうじつご》、ウロコがはがれおちていた。

馬渕《まぶち》たちは、このヒブダイをバックヤードにある予備水《よびすい》そうにうつすことにした。

弱《よわ》ったり、傷《きず》ついたりした魚《さかな》を予備水《よびすい》そうにうつすためには、つかまえることからはじめる。夜《よる》、観客《かんきゃく》がいなくなった時間《じかん》に、ウェットスーツに着《き》がえた飼育員《しいくいん》が、水《すい》そうのなかにはいって網《あみ》ですくうのだ。

しかし、弱《よわ》っているといっても魚《さかな》だって必死《ひっし》だ。つかまるもんかと、全力《ぜんりょく》でにげる。ジンベエザメのいる大水《だいすい》そう〝黒潮《くろしお》の海《うみ》〟では人《ひと》と魚《さかな》の、ものすごい鬼《おに》ごっこだ。

〝熱帯魚《ねったいぎょ》の海《うみ》〟は、〝黒潮《くろしお》の海《うみ》〟ほどひろくないものの、大《おお》きな岩《いわ》がいくつもおいてあり、魚《さかな》がにげこめる場所《ばしょ》が多《おお》い。鬼《おに》ごっこと、かくれんぼがどうじにおこなわれることになる、はずだが、馬渕《まぶち》たちには作戦《さくせん》があった。

ヒブダイは、夜《よる》、ねむる魚《さかな》なのである。

水族館《すいぞくかん》は、夜《よる》になると電気《でんき》をけす。夜《よる》の海《うみ》とおなじように、真《ま》っ暗《くら》にするのだ。するとヒブダイは岩《いわ》かげに身《み》をかくし、すやすやとねむりにつく。そのねむりは深《ふか》く、ウェットスーツを着《き》た飼育員《しいくいん》が、目《め》の前《まえ》で手《て》をふっても、懐中電灯《かいちゅうでんとう》の光《ひかり》でてらしても、まったくおきない。

〝熱帯魚《ねったいぎょ》の海《うみ》〟にある大《おお》きな岩《いわ》は、海《うみ》からはこんできたもの。さらにそれを、魚《さかな》たちがすんでいた場所《ばしょ》にできるだけ近《ちか》くするために、もりあがった岩《いわ》や奥《おく》まった岩《いわ》かげを、飼育員《しいくいん》たちが手作《てづく》りして再現《さいげん》している。本物《ほんもの》そっくりのすばらしいできばえで、魚《さかな》たちは安心《あんしん》して岩《いわ》かげに身《み》をよせている。

それぞれのヒブダイには、お気《き》にいりの場所《ばしょ》があり、どのヒブダイが、どこでねているのか、飼育員《しいくいん》はみんな知《し》っていた。

夜《よる》、暗《くら》くなってから、ウェットスーツに着《き》がえた馬渕《まぶち》が、魚《さかな》とり網《あみ》のタモをもって水《すい》そうにはいる。使《つか》うのは、やわらかいゴムの網《あみ》でできたタモ。魚《さかな》に傷《きず》をつけにくいのだ。

ヒブダイは深《ふか》いねむりについているとはいえ、ほかの魚《さかな》たちは泳《およ》いでいる。馬渕《まぶち》は、魚《さかな》たちをおどろかせないよう、しずかにそうっとヒブダイのそばに近《ちか》づいていった。

傷《きず》のできたメスのヒブダイは、岩場《いわば》の下《した》のほう、水深《すいしん》が四メートルほどのところにある、奥深《おくふか》くもぐりこんだところにいた。

傷《きず》にさわらないように注意《ちゅうい》しながら、そうっとタモですくいあげる。タモがふれると、ヒブダイは、ねむったままふわりとタモのなかにはいる。

もし、おきてしまってもにげないように、馬渕《まぶち》は、もう一つのタモでふたをしてゆっくりと水面《すいめん》にむかって泳《およ》いでいった。

水《すい》そうの上《うえ》では、べつの飼育員《しいくいん》が、〝ゆりかご〟を用意《ようい》していた。

ゆりかごは、美《ちゅ》ら海水族館《うみすいぞくかん》が作《つく》った、魚《さかな》をはこぶ入《い》れ物《もの》のこと。四方《しほう》のわくを、プラスチックでできた軽《かる》い筒《つつ》の棒《ぼう》で作《つく》り、じょうぶなビニールの生地《きじ》をはって水《みず》を入《い》れられるようにしてある。ビニールの生地《きじ》は、水《みず》を入《い》れるとうまい具合《ぐあい》にたわんでくれるのだ。

四角《しかく》い箱《はこ》だと、なかにたくさん水《みず》を入《い》れなければならず、はこぶときに重《おも》くなるけれど、ゆりかごならちょっとの水《みず》でも、魚《さかな》を水《みず》のなかにいる状態《じょうたい》にできるのである。魚《さかな》の大《おお》きさや使《つか》う目的《もくてき》にあわせて、いくらでも大《おお》きさや深《ふか》さを変《か》

魚類課《ぎょるいか》の大発明《だいはつめい》、〝ゆりかご〟に入《い》れられてはこばれるヒブダイ。

えることができる、魚類課《ぎょるいか》の大発明《だいはつめい》だ。

水《すい》そうの上《うえ》にいた飼育員《しいくいん》が、大《おお》きめのゆりかごを水面《すいめん》からしずめてなかに水《みず》を入《い》れる。

馬渕《まぶち》が、つれてきたヒブダイをそうっとうつす。

ヒブダイはいちども水《みず》から出《だ》されることなく、予備水《よびすい》そうに入《い》れられた。


十月《がつ》二十六日《にち》。

ヒブダイの傷《きず》をみるために、動物健康管理室《どうぶつけんこうかんりしつ》の獣医師《じゅういし》と検査担当《けんさたんとう》の佐野《さの》が、バックヤードにむかった。予備水《よびすい》そうをのぞきこむと、ヒブダイはウロコがはがれ、なかにある筋肉《きんにく》が見《み》えている。獣医師《じゅういし》から、抗菌薬《こうきんやく》の錠剤《じょうざい》をのませるようにと指示《しじ》が出《で》た。

佐野《さの》が薬《くすり》を準備《じゅんび》し、馬渕《まぶち》たちにわたす。

一週間《しゅうかん》たち、薬《くすり》がきいたかどうかをたしかめるため、ふたたび獣医師《じゅういし》と佐野《さの》が、バックヤードにやってきた。ゆりかごに入《い》れられた、ヒブダイがはこばれてくる。

傷《きず》をしっかりとたしかめるあいだは、ヒブダイにじっとしていてもらいたい。ゆりかごは、ここでも活躍《かつやく》した。生地《きじ》がたわんでせまくなり、魚《さかな》があばれにくくなるのだ。

しかしやはり、あばれるときはあばれる。そんなときは、水《みず》をとりかえたり少《すこ》し泳《およ》がせたりするとおとなしくなる魚《さかな》もいる。

それでもまだあばれるときは、おさえるしかない。しっかりみたり、治療《ちりょう》したりするためには、じっとしてもらわなければならないのだ。

おさえかたにはコツがある。

手《て》のひらでそっと目《め》のあたりをおおって暗《くら》くすると、動《うご》きがおちついてくる。そのあと、尾《お》びれが動《うご》かないよう、尾《お》びれのつけねあたりをおさえる。

このときの力《ちから》の入《い》れかたがむずかしい。強《つよ》くおさえるとあばれるし、弱《よわ》ければおさえた手《て》からにげてしまう。馬渕《まぶち》はそのコツがまだつかみきれず、ヒブダイがあばれてしまう。

魚類課《ぎょるいか》の上司《じょうし》にかわってもらう。すると、そっとふれているように見《み》えるのに、おさえたとたん、ヒブダイがぴたりと動《うご》きをとめた。

秘技《ひぎ》、魚《さかな》おさえ。

魚類課《ぎょるいか》の飼育員《しいくいん》ならば、かならずできるようになりたい技《わざ》である。

獣医師《じゅういし》が見《み》ると、傷《きず》ついたウロコのあたりに膿《うみ》のような白《しろ》いものが出《で》ている。

「抗菌薬《こうきんやく》、飲《の》めている？」

獣医師《じゅういし》にたずねられ、馬渕《まぶち》は正直《しょうじき》に、苦戦《くせん》していることを伝《つた》える。

「いえ、ときどき、はきだしてしまって……。」

魚《さかな》は、薬《くすり》のあげかたがむずかしい。錠剤《じょうざい》を餌《えさ》といっしょにあたえても、餌《えさ》は飲《の》みこむくせに、薬《くすり》だけぷっとはきだしてしまうことがあるのだ。

「薬《くすり》をしっかり飲《の》ませてみて。それでもうしばらく、ようすを見《み》よう。」

獣医師《じゅういし》は、そう伝《つた》えた。


馬渕《まぶち》たちの努力《どりょく》で、ヒブダイは、少《すこ》しずつ薬《くすり》を飲《の》みこむようになってきた。それでも、傷《きず》がよくならない。一週間後《しゅうかんご》、ふたたび獣医師《じゅういし》にみてもらう。

ウロコがはがれた部分《ぶぶん》には、白《しろ》いぷくぷくとした膿《うみ》がさらに出《で》ていた。膿《うみ》は、血液《けつえき》のなかにある白血球《はっけっきゅう》と細菌《さいきん》がたたかって死《し》んだものだ。

獣医師《じゅういし》が、白《しろ》い膿《うみ》をとってスライドガラスの上《うえ》にのせる。

スライドガラスをうけとった佐野《さの》は、診察《しんさつ》がおわるとすぐに検査室《けんさしつ》にもどり、顕微鏡《けんびきょう》を使《つか》って、白血球《はっけっきゅう》がたたかった敵《てき》をしらべはじめた。

染色液《せんしょくえき》を使《つか》ったときに青《あお》や赤《あか》にそまることで、菌《きん》の種類《しゅるい》がだいたいわかる。

以前《いぜん》は、検査会社《けんさがいしゃ》にたのんでいた。ただ、それだと時間《じかん》がかかる。自分《じぶん》たちで検査《けんさ》ができれば、すぐに結果《けっか》がわかり早《はや》く治療《ちりょう》をはじめることができる。

自分《じぶん》たちの知識《ちしき》や技術《ぎじゅつ》を上《あ》げることは、生《い》き物《もの》の命《いのち》を守《まも》ることにつながっているのだ。

佐野《さの》たち検査担当《けんさたんとう》は、本《ほん》や論文《ろんぶん》を読《よ》んで知識《ちしき》をふやし、ときには専門家《せんもんか》にききながら勉強《べんきょう》し、検査《けんさ》の技術《ぎじゅつ》を身《み》につけてきた。

ヒブダイからとってきた膿《うみ》は、青《あお》にそまるものと赤《あか》にそまるもの、両方《りょうほう》の細菌《さいきん》がいた。

菌《きん》の種類《しゅるい》がわかれば、どんな薬《くすり》がきくのかがわかる。獣医師《じゅういし》は、佐野《さの》の検査結果《けんさけっか》を見《み》て、べつの抗菌薬《こうきんやく》に変更《へんこう》することにした。

ヒブダイは、少《すこ》しずつ薬《くすり》を飲《の》むようになったとはいえ、どうすればもっと、しっかりと飲《の》ませられるのか。魚《さかな》によって食《た》べる餌《えさ》も、食《た》べかたもちがう。飼育員《しいくいん》の知恵《ちえ》とくふうがためされる。

「丸飲《まるの》みにする魚《さかな》は、楽《らく》なのに。」

大《おお》きなマグロやカツオは、魚《さかな》の切《き》り身《み》を丸飲《まるの》みにする。薬《くすり》は切《き》り身《み》のなかに入《い》れてしまえばいい。

ところがヒブダイは口《くち》が小《ちい》さく、錠剤《じょうざい》くらいの大《おお》きさの餌《えさ》でないと食《た》べられない。つまり、餌《えさ》のなかに薬《くすり》をかくせないのだ。

（ヒブダイは、のどの奥《おく》に歯《は》があり、そこでかみつぶす。そのときに薬《くすり》がはじけるから、味《あじ》やにおいがして、はきだすのかもしれない。）

新《あたら》しい薬《くすり》は、カプセルにはいったタイプだった。

馬渕《まぶち》はカプセルをそっとあけて、なかにある粉《こな》の薬《くすり》を出《だ》した。これをにおいのいい餌《えさ》にまぜこんだら、わからないのではないか。

高級《こうきゅう》エビのブラックタイガーは、いいにおいがする。人《ひと》も食欲《しょくよく》をそそられるくらいだ。これをすりつぶして薬《くすり》をまぜ、ヒブダイの食《た》べられる大《おお》きさにまるめる。

薬《くすり》をたくさんまぜすぎると、気《き》づかれてしまうのでむずかしい。

馬渕《まぶち》は、このくらいなら……という量《りょう》を考《かんが》えてまぜてみた。するとヒブダイは、まんまとだまされて薬《くすり》のはいった餌《えさ》を飲《の》みこんだではないか。

「よし！」

薬《くすり》を、しっかりと飲《の》ませられるようになった。

（かならず、もとどおり元気《げんき》にして〝熱帯魚《ねったいぎょ》の海《うみ》〟にもどす。）

馬渕《まぶち》たちは、毎日《まいにち》、薬《くすり》をあたえつづけた。


治療《ちりょう》がはじまってから、一か月《げつ》たった。

薬《くすり》は飲《の》ませられるようになったけれど、傷《きず》は思《おも》うようによくならない。このままでは、なおりきらないと判断《はんだん》した獣医師《じゅういし》は、手術《しゅじゅつ》にふみきることにした。

手術《しゅじゅつ》のあいだ、おとなしくさせるために麻酔薬《ますいやく》を入《い》れた海水《かいすい》にヒブダイを入《い》れる。

ヒブダイは、ぼんやりとしておとなしくなるものの、ゆりかごにはられた水《みず》のなかでじょうずに呼吸《こきゅう》をつづけていた。

獣医師《じゅういし》は、ハサミとメスを使《つか》いながら、ウロコや、膿《うみ》だらけになった傷《きず》のあたりを切《き》りとっていく。ウロコをとってしまって、だいじょうぶなのかと思《おも》うかもしれないが、ウロコは人間《にんげん》の皮《ひ》ふのように、またできてくるのだ。

すぐに、止血《しけつ》にとりかかる。

「レーザーメス、ちょうだい。」

手術《しゅじゅつ》の助手《じょしゅ》をつとめていた佐野《さの》が、さっとレーザーメスをわたす。獣医師《じゅういし》は、傷口《きずぐち》にあてて止血《しけつ》していく。

手術《しゅじゅつ》がおわると佐野《さの》はすぐに検査室《けんさしつ》にもどって、獣医《じゅうい》師《し》が切《き》りとった傷《きず》の部分《ぶぶん》を顕微鏡《けんびきょう》で見《み》た。菌《きん》はふえていたけれど、新《あら》たな種類《しゅるい》の菌《きん》は出《で》ていなかった。

それでも佐野《さの》は、いつも自分《じぶん》をうたがうようにしている。

（ほんとうにこれで、あっている？　見《み》おとしや、かんちがいはないか？）

うっかりミスや、まちがいに気《き》づかないまま進《すす》めてしまうと、とりかえしのつかないことになる。だからこそ、いつもうたがい、いつもゼロから考《かんが》えるようにしている。

薬《くすり》がきいているという検査《けんさ》の結果《けっか》を見《み》ても、安心《あんしん》しない。ほんとうに、これでいいの

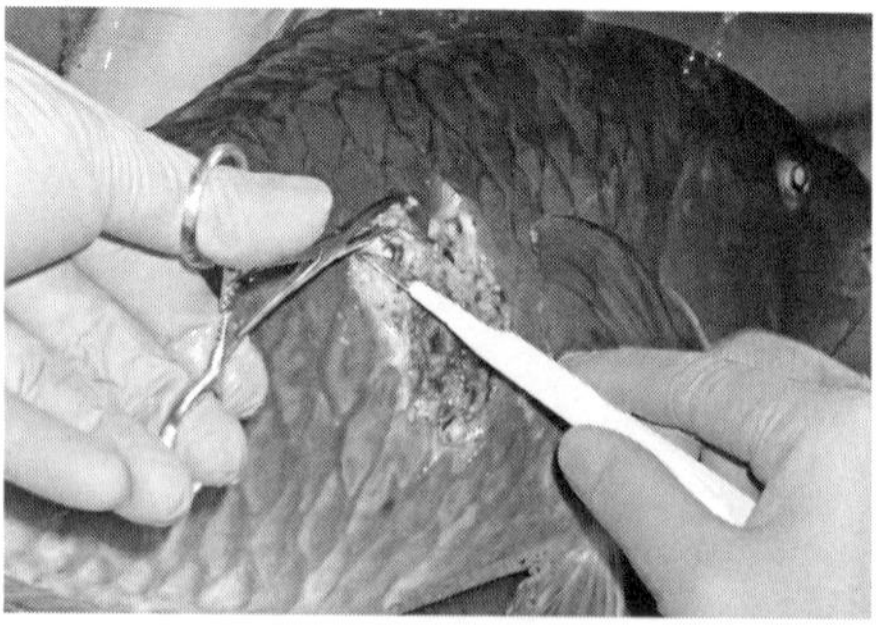
けがをしたヒブダイに手術《しゅじゅつ》をおこなう。
ウロコはとりのぞいても、またできてくる。

か。ほかの薬《くすり》のほうが、もっといいということはないのか。

自分《じぶん》のミスは、魚《さかな》の命《いのち》につながっている。

そのことは、ぜったいに忘《わす》れてはいけないのだ。


手術《しゅじゅつ》して、悪《わる》いところは切《き》りとった。これでよくなる。そう期待《きたい》がふくらんだけれど、白《しろ》い膿《うみ》はまた出《で》てきた。

馬渕《まぶち》たちは不安《ふあん》になった。

(まだ、出《で》てくるのか。)

(手術《しゅじゅつ》をしてもなおらない。もう、助《たす》けられないんじゃないか。)

一回目《かいめ》の手術《しゅじゅつ》の六日後《むいかご》に、二回目《かいめ》の手術《しゅじゅつ》がおこなわれた。

それでも、まだ膿《うみ》が出《で》る。さらに十日後《とおかご》に、三回目《かいめ》の手術《しゅじゅつ》をする。

(また、だめかもしれない。)

(こんどこそ、きっとうまくいく。)

きもちがゆれうごく。それでも、薬《くすり》をあたえ見守《みまも》りつづけるしかない。今《いま》、できることをしっかりとやるだけだ。

いつものように飼育員《しいくいん》の馬渕《まぶち》と検査担当《けんさたんとう》の佐野《さの》が、いっしょにヒブダイの傷《きず》の具合《ぐあい》を確認《かくにん》していたときだ。膿《うみ》の出《で》る量《りょう》が、わずかにへっているように見《み》える。

「佐野《さの》さん、これ、へっていますよね？」

「そうですね。」

そして、三回目《かいめ》の手術《しゅじゅつ》から二週間後《しゅうかんご》の十二月《がつ》二十八日《にち》。傷《きず》がなおりはじめていることを確認《かくにん》した獣医師《じゅういし》は、薬《くすり》をとめた。ここからは、ヒブダイの、自分《じぶん》でなおる力《ちから》を使《つか》ってなおしていくのだ。

水族館《すいぞくかん》ではたらく人《ひと》たちに、年末《ねんまつ》も正月《しょうがつ》もない。

いつものように、それぞれ自分《じぶん》の仕事《しごと》をおこなっていく。そんな、おおみそかの日《ひ》、傷《きず》のところに、うっすらと新《あたら》しいウロコができはじめた。

「ウロコだ！」

見《み》つけた馬渕《まぶち》は、目《め》をかがやかせた。

そしてこの日《ひ》、ついに膿《うみ》がとまった。

年《とし》が明《あ》け、春《はる》になった。ウロコはあわい灰色《はいいろ》で、まだ、なかがすけて見《み》えるほど、ぺらぺらでうすい。でも、少《すこ》しずつ、あつみがましてきている。

ヒブダイは、どんどんよくなっていく。

初夏《しょか》をむかえるころには、うすかったウロコが、かたくりっぱなものになってきた。色《いろ》も、ヒブダイの黄色《きいろ》にほんのりと変《か》わってきている。

（ウロコがきれいにできあがったら、〝熱帯魚《ねったいぎょ》の海《うみ》〟にもどせる。）

飼育員《しいくいん》たちは、その日《ひ》がくることを楽《たの》しみにしながらヒブダイを見守《みまも》った。あと少《すこ》しもう少《すこ》しだ。

そう思《おも》っていたのに、秋《あき》になるとまた、傷口《きずぐち》から膿《うみ》が出《で》はじめた。

（また？）

馬渕《まぶち》たちは、獣医師《じゅういし》からわたされた薬《くすり》を、ふたたび飲《の》ませつづける。

六週間《しゅうかん》以上《いじょう》、薬《くすり》を飲《の》ませつづけ、ようやく膿《うみ》がとまった。

期待《きたい》と不安《ふあん》のなか、毎日《まいにち》つづく見守《みまも》り。おなじようなことのくりかえし。けれど、命《いのち》にかかわる大切《たいせつ》な見守《みまも》りだ。

つづけること、さらに一年半《ねんはん》。

そしてついに、ヒブダイはもう、どこに傷《きず》があったのかわからないくらいよくなった。

もとのすがたに、もどすことができたのだ。

正確《せいかく》な検査《けんさ》と、適切《てきせつ》な治療《ちりょう》。薬《くすり》をしっかりあたえる、飼育員《しいくいん》の努力《どりょく》。チームワークで、一つの命《いのち》をつなぐことができた。

けがから二年《ねん》四か月《げつ》がたった、二〇二一年《ねん》二月《がつ》二十七日《にち》。

馬渕《まぶち》は、朝《あさ》のミーティングで、大《おお》きな声《こえ》でまわりの飼育員《しいくいん》たちに伝《つた》えた。

「今日《きょう》、〝熱帯魚《ねったいぎょ》の海《うみ》〟にもどします！」

第《だい》5章《しょう》

ウミガメ

保護《ほご》したウミガメを海《うみ》にかえす

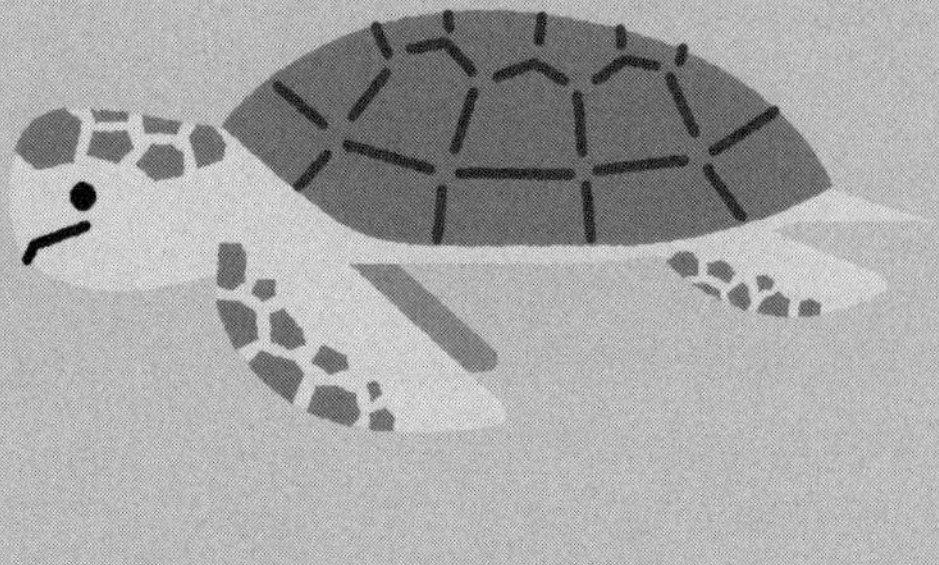

ウミガメたちがいるプールは、海《うみ》のそばにある。

プールの底《そこ》は、深《ふか》いところから少《すこ》しずつ浅《あさ》くなっていき、そのまま、人工的《じんこうてき》に作《つく》られた砂浜《すなはま》へとつながっている。

プールのわきにある階段《かいだん》をおりると、水《みず》のなかを泳《およ》ぐウミガメをアクリルガラスごしに見《み》ることができる。甲羅《こうら》が一メートルほどもある大《おお》きなウミガメが、大《おお》きな前《まえ》あしをゆっくり動《うご》かして目《め》の前《まえ》を泳《およ》いでいく。

アカウミガメ、アオウミガメ、クロウミガメ、ヒメウミガメ、タイマイ。

ウミガメが見《み》られるアクリルガラスのわ

海《うみ》のすぐそばにある、ウミガメプール。
上《うえ》からウミガメたちを見《み》られるようになっている。

きには、飼育員《しいくいん》の手作《てづく》りのポスターがあり、ウミガメの種類《しゅるい》や大《おお》きさ、見分《みわ》けかたなどが紹介《しょうかい》されている。

一つずつ見《み》ていった最後《さいご》にあるのは、たくさんのプラスチックゴミがはいった展示《てんじ》ケース。ビニール袋《ぶくろ》、ペットボトル、つり糸《いと》や網《あみ》、ロープ、お菓子《かし》の袋《ふくろ》。すべて、砂浜《すなはま》で死《し》んでいたウミガメの、おなかのなかにはいっていたものだ。

ウミガメは、海《うみ》にあるゴミを餌《えさ》とまちがえて食《た》べてしまう。海《うみ》ですてられたゴミだけではない。砂浜《すなはま》や道《みち》ですてられたゴミも、風《かぜ》にとばされ、川《かわ》から流《なが》されて海《うみ》にたどりつく。

つり糸《いと》や、網《あみ》、ロープなどが、ウミガメのからだにからまって、餌《えさ》をとれなくなったり、呼吸《こきゅう》ができずにおぼれ死《じ》んだりすることもある。人《ひと》がすてたものは、ウミガメだけでなく、魚《さかな》や、海《うみ》のそばで生《い》きる鳥《とり》など、生《い》き物《もの》の命《いのち》をうばっていく。

美《ちゅ》ら海水族館《うみすいぞくかん》では、海岸《かいがん》のそうじをおこない、きれいな海《うみ》の大切《たいせつ》さを伝《つた》えるとどうじに、弱《よわ》っているウミガメを見《み》つけたら連絡《れんらく》をくれるようよびかけている。水族館《すいぞくかん》で治療《ちりょう》をし、元気《げんき》になったらまた海《うみ》にかえすのだ。

水族館《すいぞくかん》にはこばれてくるウミガメは、少《すこ》し育《そだ》ったウミガメが多《おお》い。これには、ウミガメの人生《じんせい》ならぬ、カメ生《せい》が関係《かんけい》している。

母《はは》ウミガメが、砂浜《すなはま》で産《う》んだ卵《たまご》からかえった赤《あか》ちゃんウミガメは、月《つき》の光《ひかり》にてらされた海《うみ》にむかう。

赤《あか》ちゃんウミガメには、天敵《てんてき》がたくさんいる。砂浜《すなはま》あたりでは、イノシシや犬《いぬ》、カニなどが、空《そら》からはカモメやカラスなどが、食《た》べようとねらっているのだ。海《うみ》のなかにはいって泳《およ》ぎはじめても、サメをはじめとする大《おお》きな魚《さかな》たちがまちかまえている。

ただ、海岸《かいがん》から遠《とお》くはなれたところまでくれば、天敵《てんてき》はぐっと少《すく》なくなる。大海原《おおうなばら》までぶじに泳《およ》ぎきった赤《あか》ちゃんウミガメは、やっと泳《およ》ぐことをやめて、ぷかぷかとうきはじめる。食《た》べるのは、そばに流《なが》れてくる海《かい》そうなどにすむ小《ちい》さな生物《せいぶつ》。つまり、うまく食《た》べられるものに出会《であ》えなければ死《し》んでしまう。

ほかの生《い》き物《もの》に食《た》べられず、ひろい海《うみ》で食《た》べものに出会《であ》えた強運《きょううん》の超《ちょう》エリート集団《しゅうだん》だけが生《い》きのびられるのだ。

長《なが》い年月《ねんげつ》をかけて成長《せいちょう》したウミガメは、魚《さかな》などを食《た》べるようになるため、餌《えさ》を求《もと》めて海《かい》岸近《がんちか》くへもどってくる。そして、子孫《しそん》を残《のこ》す。そのときに、けがをしたり、ビニール袋《ぶくろ》などのゴミを食《た》べたりして弱《よわ》ったウミガメが、海《うみ》や砂浜《すなはま》で見《み》つけられるのだ。美《ちゅ》ら海水族館《うみすいぞくかん》では、助《たす》けたウミガメたちをふくめて、約《やく》百七十匹《ぴき》のウミガメたちが生活《せいかつ》している。飼育員《しいくいん》たちは、全員《ぜんいん》でチームとなってウミガメたちを見守《みまも》っている。

ときには、生《う》まれてまもないウミガメが弱《よわ》って見《み》つかることもある。

二〇二一年《ねん》八月《がつ》、東京《とうきょう》の南《みなみ》の太平洋上《たいへいようじょう》にある小笠原諸島《おがさわらしょとう》の海底火山《かいていかざん》が噴火《ふんか》して、たくさんの軽石《かるいし》が日本《にっぽん》のまわりの海《うみ》をただようことになった。海面《かいめん》をびっしりとうめるほどの軽《かる》石《いし》は、千五百キロメートルほどはなれた沖縄《おきなわ》のまわりの海《うみ》にもやってきた。

赤《あか》ちゃんウミガメは、自分《じぶん》のそばにある軽石《かるいし》を見《み》て、食《た》べ物《もの》がうかんでいると思《おも》ったのだろう。軽石《かるいし》にくっついている小《ち》さな生物《せいぶつ》だけを食《た》べればよかったのだが、軽石《かるいし》ごと食《た》べた赤《あか》ちゃんウミガメもいた。

ある朝《あさ》、水族館《すいぞくかん》に、小《ち》さなウミガメが弱《よわ》っていると電話《でんわ》があった。

水族館《すいぞくかん》のそばの砂浜《すなはま》をいつも散歩《さんぽ》していて、これまでに何度《なんど》もウミガメを見《み》つけて連絡《れんらく》をくれている人《ひと》だ。飼育員《しいくいん》がかけつけると、甲羅《こうら》がわずか五センチメートルほどの小《ちい》さなタイマイの赤《あか》ちゃんだった。

すぐに、動物健康管理室《どうぶつけんこうかんりしつ》に連絡《れんらく》がはいる。植田獣医師《うえだじゅういし》が全身《ぜんしん》をみたところ、けがはしていない。

くわしくしらべるために、すぐにCT《シーティー》検査《けんさ》をする。CT《シーティー》検査《けんさ》は、コンピュータ断層撮影《だんそうさつえい》検査《けんさ》のこと。からだを輪切《わぎ》りや水平方向《すいへいほうこう》など、スライスするように何枚《なんまい》も写真《しゃしん》をとっていくため、からだのなかがよくわかる。

すると、胃《い》のなかに、かたそうなものがつまっていた。餌《えさ》とは、あきらかにちがう。

植田獣医師《うえだじゅういし》が、画像《がぞう》を見《み》て説明《せつめい》する。

「プラスチックのゴミか、軽石《かるいし》かなにか、飲《の》みこんでいる可能性《かのうせい》があるな。ウミガメが小《ちい》さくて処置《しょち》がむずかしいので、まずは便《べん》といっしょに出《で》てくるのをまつしかない。ようす

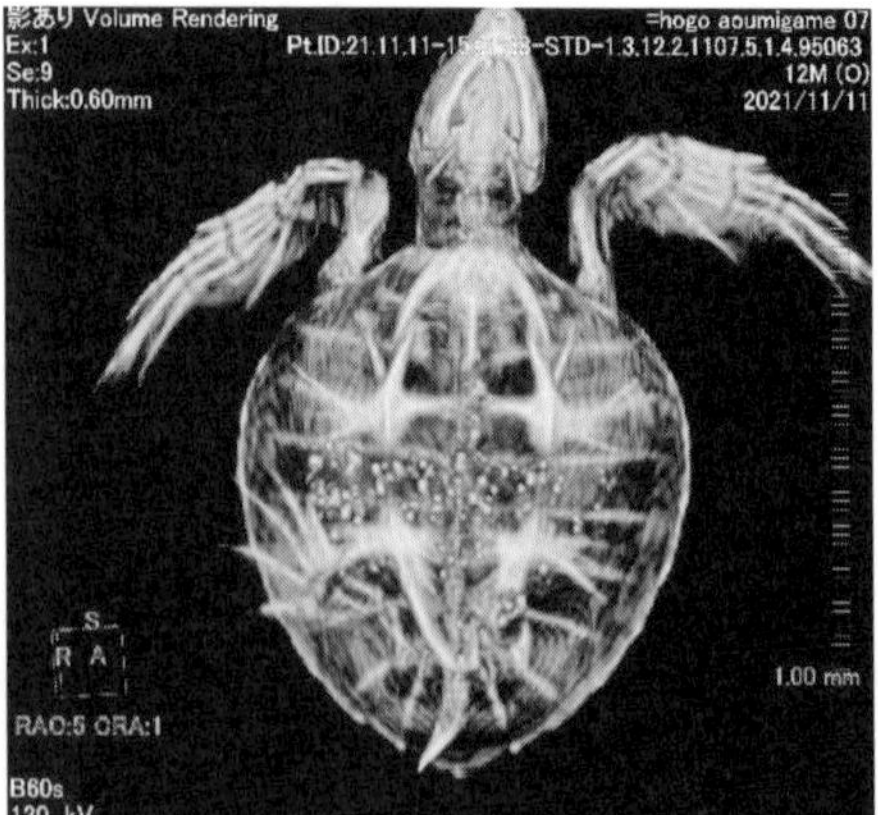

タイマイの赤《あか》ちゃんのCT《シーティー》画像《がぞう》。おなかのなかに、かたそうなものがつまっている。

を見《み》ながら少《すこ》しずつ餌《えさ》を食《た》べさせてやって。」

美《ちゅ》ら海水族館《うみすいぞくかん》には、赤《あか》ちゃんウミガメ用《よう》の、スペシャルレシピがある。イカ、サバのミンチ、すっぽん用《よう》の餌《えさ》などをまぜた餌《えさ》は、これまでウミガメを担当《たんとう》してきた飼育員《しいくいん》たちが、経験《けいけん》をつみかさねながら作《つく》りあげたものだ。弱《よわ》って食欲《しょくよく》がなくなった赤《あか》ちゃんウミガメでも、この餌《えさ》なら食《た》べることが多《おお》い。

赤《あか》ちゃんウミガメは、飼育員《しいくいん》が用意《ようい》した餌《えさ》をよく食《た》べ、おなかのなかの軽石《かるいし》も、便《べん》といっしょに出《で》てくるようになった。

十か月後《げつご》、元気《げんき》になった赤《あか》ちゃんウミガメは海《うみ》へもどされた。

もちろん、元気《げんき》になるウミガメばかりではない。おなじころ保護《ほご》されたアオウミガメの赤《あか》ちゃんも、大量《たいりょう》の軽石《かるいし》を飲《の》みこんでいたのだが、けんめいな治療《ちりょう》や飼育員《しいくいん》たちの努力《どりょく》にもかかわらず、翌日《よくじつ》、死《し》んでしまった。

死《し》んだウミガメはすべて、すぐに解剖《かいぼう》して原因《げんいん》をさぐる。

おなかのなかから、寄生虫《きせいちゅう》がたくさん出《で》てきたこともあれば、そのあとの検査《けんさ》で細菌《さいきん》が見《み》つかったウミガメもいる。胃《い》や腸《ちょう》に、プラスチックのゴミがびっしりとつまっていたときは、切《せつ》なくてやりきれない思《おも》いだ。

次《つぎ》は、助《たす》けられるように。

死《し》んだ原因《げんいん》をつきとめることは、動物健康管理室《どうぶつけんこうかんりしつ》の大切《たいせつ》な仕事《しごと》。

そして、海《うみ》の生物《せいぶつ》を守《まも》るためによびかけることも、水族館《すいぞくかん》の使命《しめい》なのである。


二〇二一年秋《ねんあき》。ウミガメ担当《たんとう》の飼育員《しいくいん》たちが餌《えさ》の準備《じゅんび》をしていると、一本《ぽん》の電話《でんわ》がかかってきた。電話《でんわ》に出《で》たのは、笹本健久《ささもとたけひさ》。電話《でんわ》は、船《ふね》の上《うえ》からだった。

『泳《およ》げなくなったタイマイが、ういているんです。』

場所《ばしょ》は、沖縄本島《おきなわほんとう》の西《にし》がわにある慶良間諸島《けらましょとう》。阿嘉島《あかじま》のそばだという。

笹本《ささもと》は、すぐに伝《つた》えた。

「ひきとりに行《い》きます！　船《ふね》にのせて、阿嘉島《あかじま》までつれていってもらえますか！」

タイマイは、数《かず》がへっていて、絶滅危惧種《ぜつめつきぐしゅ》に指定《してい》されている貴重《きちょう》なウミガメだ。

水族館《すいぞくかん》から阿嘉島《あかじま》までは、クルマで一時間半《じかんはん》かけて那覇《なは》に行《い》き、さらに、高速船《こうそくせん》で一時《じ》間《かん》くらいかかる。しかも、阿嘉島《あかじま》まで行《い》ける便《びん》は、一日《にち》に数便《すうびん》しかない。タイミングが悪《わる》ければ、今日中《きょうじゅう》にはつれて帰《かえ》ってこられないだろう。

タイマイは、どのくらい弱《よわ》っているのだろう。

(明日《あした》まで、もつのか?)

今日中《きょうじゅう》に、水族館《すいぞくかん》につれてこられないだろうか。早《はや》く検査《けんさ》をして、治療《ちりょう》をはじめたい。

笹本《ささもと》は水族館《すいぞくかん》のトラックに、ウミガメをはこぶときによく使《つか》う、軽《かる》いプラスチックででき た黒《くろ》くて丸《まる》い水《すい》そうをのせた。直径《ちょっけい》は一メートルほどある。

タイマイは成長《せいちょう》しても、甲羅《こうら》は八十センチメートルくらいのものがほとんどだ。いちばん大《おお》きなこの水《すい》そうならはいるはずだ。

笹本《ささもと》が準備《じゅんび》をしていると、タイマイを見《み》つけた人《ひと》からふたたび電話《でんわ》がかかってきた。

『島《しま》のフェリー会社《がいしゃ》が、フェリーで那覇《なは》まではこんでくれるそうです。』

「ほんとうですか!」

那覇《なは》までつれてきてもらえたら、夕方《ゆうがた》には、水族館《すいぞくかん》にもどってこられる。笹本《ささもと》はトラックのエンジンをかけると、高速道路《こうそくどうろ》で那覇《なは》にむかった。

フェリー乗《の》り場《ば》のある泊港《とまりこう》についていて駐車場《ちゅうしゃじょう》にトラックをとめると、阿嘉島《あかじま》からタイマイをはこんでくれたフェリー会社《がいしゃ》の事務所《じむしょ》にむかう。

「美《ちゅ》ら海水族館《うみすいぞくかん》です！」

声《こえ》をかけると、すぐに女性事務員《じょせいじむいん》の声《こえ》がした。

「ウミガメなら、荷《に》おろし場《じょう》にいますよ。フェリー、さっきついたから。」

「ありがとうございます！」

お礼《れい》をいい、そのまま小走《こばし》りで荷《に》おろし場《じょう》にむかう。岸《がん》ぺきに、白《しろ》いフェリーが横《よこ》づけになっているのが見《み》えた。わきに、おろした荷物《にもつ》をはこぶためのコンテナが一つ、ぽつんとおかれている。

（あれかな。）

そばに行《い》って、ひょいとなかをのぞきこむ。

「うわ、大《おお》きい！」

びっくりした。そこにはタイマイではなく、甲羅《こうら》が一メートルくらいあるアオウミガメがはいっていたのだ。これでは、もってきた水《すい》そうにおさまりきらない。アオウミガメをトラックの荷台《にだい》にのせて、ロープでしばるしかない。

笹本《ささもと》は、トラックを荷《に》おろし場《じょう》まで入《い》れさせてもらうことにした。コンテナのそばに、トラックをとめる。けれど、この大《おお》きなアオウミガメを、どうやって荷台《にだい》にのせたらいいのか。コンテナごと、ちょっとひっぱってみたけれど、びくともしない。

百キログラムはあるだろう。

「すみませーん！」

笹本《ささもと》は、少《すこ》しはなれたところで作業《さぎょう》をしている、フェリー会社《がいしゃ》の人《ひと》に声《こえ》をかけた。

フェリーがついたばかりで忙《いそが》しいところ、もうしわけない。でも、もたもたしていたら、アオウミガメはどんどん弱《よわ》ってしまう。

「すみませーん！　ウミガメをトラックにのせるのを、手伝《てつだ》ってもらえないでしょうか？」

「いいよ！」

ありがたいことにフェリー会社《がいしゃ》の人《ひと》は、元気《げんき》な声《こえ》でこたえると、すぐにそばにきてくれた。

ただ、アオウミガメは、ほんとうに重《おも》かった。

二人《ふたり》がかりでも、もちあがらない。

「ちょっとまってな。人《ひと》、よんでくるから。」

すぐにもう一人《ひとり》、つれてきてくれる。

「せえのっ！」

三人《にん》で力《ちから》をあわせ、アオウミガメをもちあげてトラックの荷台《にだい》にのせる。

あばれると大変《たいへん》だと思《おも》っていたけれど、ぐったりしているアオウミガメは、おとなしくロープにしばられていく。

ウミガメのしばりかたには、こつがある。

ウミガメに傷《きず》をつけないよう、ロープをかける場所《ばしょ》があるのだ。そして、はこんでいるあいだもロープがゆるまない特別《とくべつ》なしばりかただ。

「へえ、うまいもんだな。」

フェリー会社《がいしゃ》の人《ひと》たちが、興味《きょうみ》ぶかそうに笹本《ささもと》の手《て》つきを見《み》ている。

「ありがとうございました。」

「おう！　気《き》をつけてな！」

フェリー会社《がいしゃ》の人《ひと》たちは、軽《かる》く手《て》をあげて、さっと仕事《しごと》にもどっていった。

「今《いま》から、こちらを出《で》ます。」

水族館《すいぞくかん》に連絡《れんらく》した笹本《ささもと》は、ゆっくりとトラックを走《はし》らせた。

水族館《すいぞくかん》ではウミガメ担当《たんとう》の飼育員《しいくいん》たちと、動物健康管理室《どうぶつけんこうかんりしつ》のスタッフがまっていてくれるはずだ。


午後《ごご》五時《じ》四十分《ぷん》、ようやく水族館《すいぞくかん》にもどってきた。

太陽《たいよう》が、水族館《すいぞくかん》の目《め》の前《まえ》にある伊江島《いえじま》のほうにしずんでいったけれど、ウミガメプールのあたりはまだ明《あか》るい。

ウミガメ担当《たんとう》の飼育員《しいくいん》たちがあつまり、トラックの荷台《にだい》にいるアオウミガメを網《あみ》でくるんで、そのままクレーンでつりあげておろす。

大《おお》きなバケツのような、一匹用《ぴきよう》の水《すい》そうに入《い》れて、ようすを見《み》る。

笹本《ささもと》は、動《うご》かないままでいるアオウミガメを見《み》つめた。とくに気《き》になるのは、首《くび》だった。左《ひだり》がわにぐにゃりとねじまがっていて、まっすぐに前《まえ》をむけないでいる。

「これ、だいじょうぶなのかな。」

もし、なにかにぶつかったのなら、骨《ほね》がおれているかもしれない。

血液検査《けつえきけんさ》など、ひととおりおえると、植田獣医《うえだじゅうい》師《し》は首《くび》などをしらべるためにCT《シーティー》検査《けんさ》をおこなうことにした。検査《けんさ》には、飼育員《しいくいん》の水元春香《みずもとはるか》がつきそった。

CT《シーティー》検査《けんさ》で撮影《さつえい》するあいだに、ウミガメが動《うご》くと画像《がぞう》がぶれてしまう。人間《にんげん》なら、動《うご》かないでくださいとたのめるけれど、動物《どうぶつ》たちはそうはいかない。

水族館《すいぞくかん》があみだしたのは、ウミガメを布《ぬの》などで

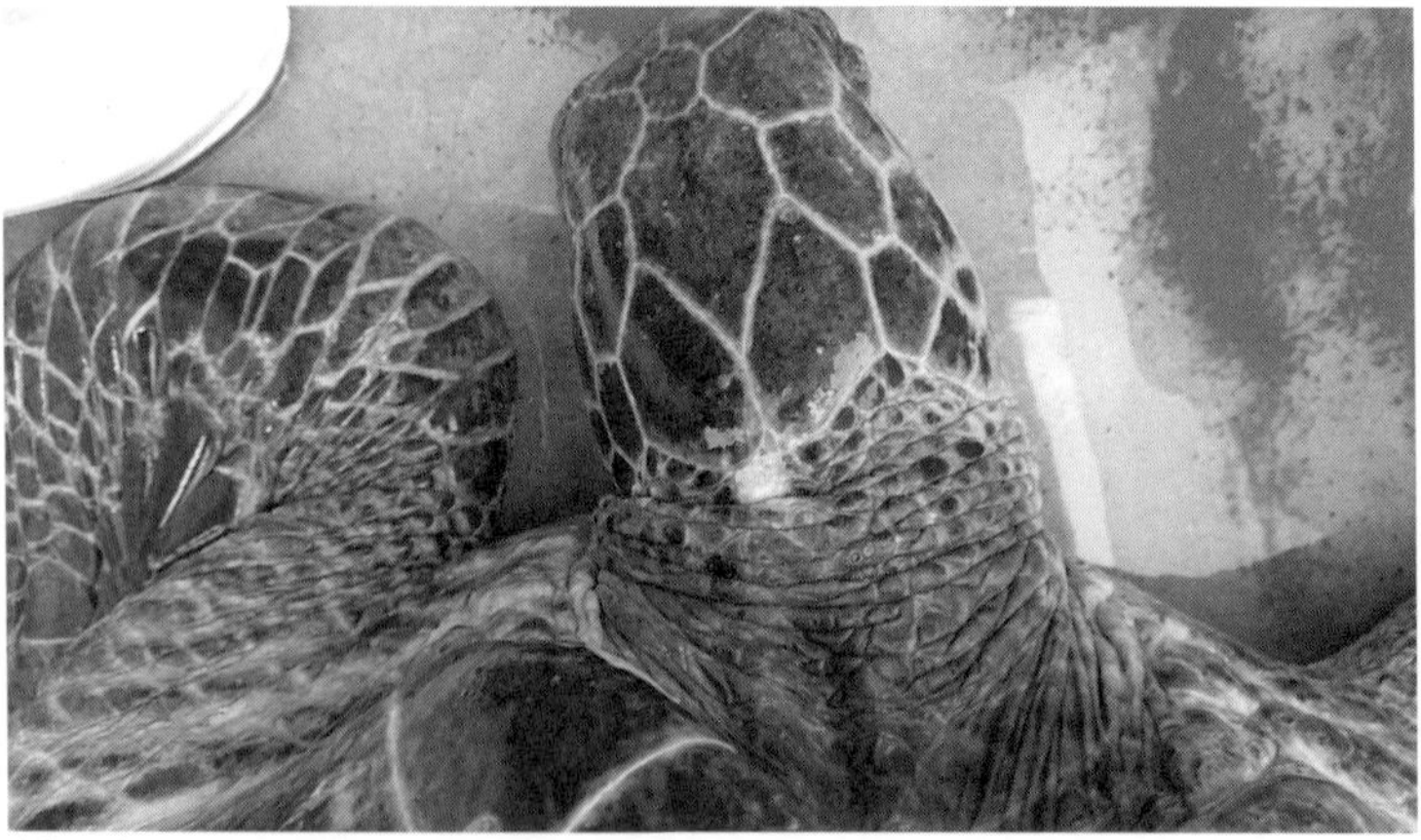

首《くび》が左《ひだり》がわに、ねじまがったままになってしまったアオウミガメ。

くるむ方法《ほうほう》だ。

大《おお》きなウミガメは、もっこ、とよばれる、なわであんだ網《あみ》でくるむ。

中《ちゅう》くらいのウミガメにはトレーナーを着《き》せて、そでの部分《ぶぶん》をくるりとまきつけ前《まえ》あしがばたつかないようにしたりする。

放射線防護服《ほうしゃせんぼうごふく》を着《き》た植田獣医師《うえだじゅういし》が、もっこにくるまれたアオウミガメのそばにつく。となりの部屋《へや》で島本獣医師《しまもとじゅういし》が、CT《シーティー》検査《けんさ》の準備《じゅんび》を進《すす》めていく。

「とります。」

島本獣医師《しまもとじゅういし》が、マイクをとおして植田獣医師《うえだじゅういし》に声《こえ》をかけると、アオウミガメがのったベッドが動《うご》いて、トンネルのようになった検査機《けんさき》のなかをとおっていく。

あたま、首《くび》、背骨《せぼね》や前《まえ》あしといった部分《ぶぶん》や、肺《はい》や心臓《しんぞう》、腸《ちょう》などの内臓《ないぞう》が、連続《れんぞく》して何枚《なんまい》も撮影《さつえい》されていく。

撮影《さつえい》がおわったあと植田獣医師《うえだじゅういし》が、画像《がぞう》をこまかく見《み》ながら説明《せつめい》する。

「首《くび》の骨《ほね》は……うーんと、おれてはいないないな。」

その言葉《ことば》をきいて、水元《みずもと》がほっとした顔《かお》をする。

植田獣医師《うえだじゅういし》が、画像《がぞう》を見《み》つめながら説明《せつめい》をつづける。

「だけど、肺《はい》がちぢんでいるなあ。」

ウミガメは、肺《はい》のなかの空気《くうき》を自由《じゆう》にあやつって海《うみ》にもぐる。肺《はい》が傷《きず》つくと、呼吸《こきゅう》が苦《くる》しくなるだけでなく、もぐることもできなくなる。

ただ、CT《シーティー》検査《けんさ》では、肺《はい》がちぢんでいる原因《げんいん》までは、わからなかった。はっきりとした傷《きず》が、見《み》つからないのだ。

「傷《きず》があったとしても大《おお》きな傷《きず》じゃない。食事《しょくじ》がとれて元気《げんき》になれば、自然《しぜん》になおることが多《おお》いから体力《たいりょく》をつけさせて。」

「わかりました。」

水元《みずもと》が、うなずいた。

食《た》べてもらう。

元気《げんき》のきほんは、注射《ちゅうしゃ》や薬《くすり》よりも、まず、食《た》べることだ。ここからは、飼育員《しいくいん》のうでの見《み》せどころである。

水族館《すいぞくかん》ではウミガメに、イカやシシャモなどの餌《えさ》をあたえている。

しかし、海《うみ》から助《たす》けてすぐのウミガメは、食《た》べないことが多《おお》い。海《うみ》のなかでは、イカやシシャモをあまり食《た》べていないからかもしれない。

ただ、動物《どうぶつ》は生《い》きるために本能《ほんのう》で食《た》べる。食《た》べるだけのわずかな元気《げんき》さえあれば、食《た》べるはずなのだ。

水元《みずもと》は、さっそくイカをもってきて、アオウミガメに見《み》せてみた。イカは、水族館《すいぞくかん》にいるウミガメたちが、とりわけよく食《た》べるのである。

ところが、ちらりと見《み》たきり動《うご》かない。

「まあ、人間《にんげん》も弱《よわ》っているときは、好《す》きなものでも食《た》べたくないときがあるよな。」

そばで見《み》ていた、海獣課《かいじゅうか》の河津課長《かわづかちょう》が、ぼそっとつぶやいている。

ふだん食《た》べている白《しろ》いご飯《はん》も、病気《びょうき》で熱《ねつ》があるときは食《た》べる気《き》がしない。でも、おかゆにしてくれたら、ちょっと食《た》べてみようかなという気分《きぶん》になる。

ウミガメも、それとおなじかもしれない。

（まるのままのイカを見《み》せても、食《た》べる気《き》にならないのなら、イカのあしであるゲソはどうかな。それか、つるりとした、身《み》のところだけなら食《た》べるかも。）

イカの内臓《ないぞう》は、独特《どくとく》のにおいがする。水元《みずもと》は、内臓《ないぞう》をすりつぶして、もっとにおいを強《つよ》くさせてみる。イカをこまかく切《き》ったり、ゲソをそのまま見《み》せたり、いろいろ考《かんが》えてあたえてみる。

どんなものなら、食《た》べてくれるのか。

食《た》べて元気《げんき》になってもらう。そして、もういちど、海《うみ》にかえしてやりたい。

イカを食《た》べようとしないアオウミガメのために、翌日《よくじつ》、水元《みずもと》は近《ちか》くの海《うみ》から、海《かい》そうをとってきた。とれたての海《かい》そうだ。これならどうだろう？

しかし、やはり食《た》べない。

アサリのむき身《み》も、ためしてみた。シシャモやサバなどの魚《さかな》も、あげてみた。

長《なが》いピンセットでつまみ、口《くち》の近《ちか》くにもっていくけれど、まったく口《くち》をひらかない。

水族館《すいぞくかん》にいるウミガメたちは、一日《にち》に体重《たいじゅう》の二パーセントの重《おも》さの餌《えさ》を食《た》べる。

このアオウミガメは、百十五キログラムあった。つまり、一日《にち》に食《た》べてほしい量《りょう》は、二・三キログラムだ。弱《よわ》っていてほとんど動《うご》かないとはいえ、少《すこ》しでも食《た》べてほしい。このまま死《し》なせるわけにはいかないのだ。

その日《ひ》も、アオウミガメは、なにも食《た》べなかった。


さらに次《つぎ》の日《ひ》。水元《みずもと》は、朝《あさ》から根気《こんき》よくアオウミガメに餌《えさ》をあたえつづけた。

もういちど、ふりだしにもどり、ぶつ切《ぎ》りではなく、まるのままのイカを見《み》せてみる。

何日《なんにち》も食《た》べていないアオウミガメが消化《しょうか》しやすいように、骨《ほね》のようにかたいところはとりのぞいてある。

長《なが》いピンセットでイカをつまみ、顔《かお》の前《まえ》にもっていく。そのままじっとまつ。すると、アオウミガメは、イカを見《み》つめて口《くち》をひらくと、ついに食《く》いついた。

「食《た》べた！」

でも、首《くび》がぐにゃりとねじまがっているのだ。うまく飲《の》みこめるのだろうか。水元《みずもと》は、不安《ふあん》なきもちのまま、アオウミガメをじっと見守《みまも》る。

するとアオウミガメは、ごくりと飲《の》みこんだ。

（よかった、飲《の》みこめた。）

飲《の》みこめるのなら、だいじょうぶだ。きっとよくなる。

そう声《こえ》をかけながら水元《みずもと》は、もう一匹《ぴき》、イカをアオウミガメに見《み》せる。

「もっと、食《た》べて。」

すると、アオウミガメは、ふたたび口《くち》をあけて食《く》いついた。

このましっかり食《た》べていってほしい。そして、元気《げんき》になってほしい。

いちど、人《ひと》の手《て》から餌《えさ》を食《た》べたアオウミガメは、その後《ご》も、どんどん食《た》べるようになっていった。少《すこ》しずつだけれど、ねじまがった首《くび》もまっすぐにもどってくる。

数《すう》か月後《げつご》、一匹用《ぴきよう》の水《すい》そうから、深《ふか》さのあるひろい水《すい》そうにうつす。すると、少《すこ》しずつ深《ふか》いところまでもぐれるようになってきた。

水族館《すいぞくかん》につれてきてから一年《ねん》がたち、植田獣医師《うえだじゅういし》から、治療終了《ちりょうしゅうりょう》の診断《しんだん》が出《で》た。もう、いつでも海《うみ》にもどしていい。

それから半年《はんとし》。あたたかくなる春《はる》をまって、アオウミガメを海《うみ》にもどす日《ひ》がやってきた。船《ふね》からおこなう放流《ほうりゅう》は、飼育員《しいくいん》の真栄城謙太《まえしろけんた》が行《い》くことになった。

アルミのパイプで枠《わく》を作《つく》り、じょうぶな網《あみ》をはって作《つく》ったウミガメ放流用《ほうりゅうよう》のかごにアオウミガメを入《い》れ、水族館《すいぞくかん》のそばにある山川漁港《やまかわぎょこう》から水族館《すいぞくかん》の小型《こがた》の船《ふね》にのせる。

防波堤《ぼうはてい》にかこまれた港《みなと》を出《で》ると、海《うみ》はとたんにひろく見《み》える。青《あお》い海面《かいめん》が、春《はる》の日差《ひざ》しに、きらきらと光《ひか》っている。

アオウミガメは、海《うみ》のにおいや波《なみ》の音《おと》で海《うみ》のすぐそばにいるとわかるのか、しきりとかごから出《で》ようと動《うご》く。

船《ふね》がとまった。船《ふね》についているクレーンで、アオウミガメのはいったかごをつりあげる。

ウェットスーツを着《き》た真栄城《まえしろ》と、もう一人《ひとり》の飼育員《しいくいん》が海《うみ》のなかにはいり、アオウミガメのはいったかごが、海《うみ》におろされてくるのをまつ。

アオウミガメが、かごごと海《うみ》のなかにはいる。

真栄城《まえしろ》がかごをゆらすと、アオウミガメは、するりとかごから出《で》て元気《げんき》に泳《およ》ぎはじめた。しっかりと前《まえ》あしで水《みず》をかき、大海原《おおうなばら》にむかって一気《いっき》に泳《およ》いでいく。

そのうしろすがたを、真栄城《まえしろ》は海《うみ》のなかにもぐって見《み》とどけた。

（海《うみ》で、りっぱに生《い》きぬいていくんだぞ！）

真栄城《まえしろ》は、あっというまに海《うみ》のなかで見《み》えなくなっていくアオウミガメにむかって、心《こころ》のなかで大《おお》きな声《こえ》をかけた。

第《だい》 6 章《しょう》

ジンベエザメ

海《うみ》の生《い》き物《もの》はなぞだらけ

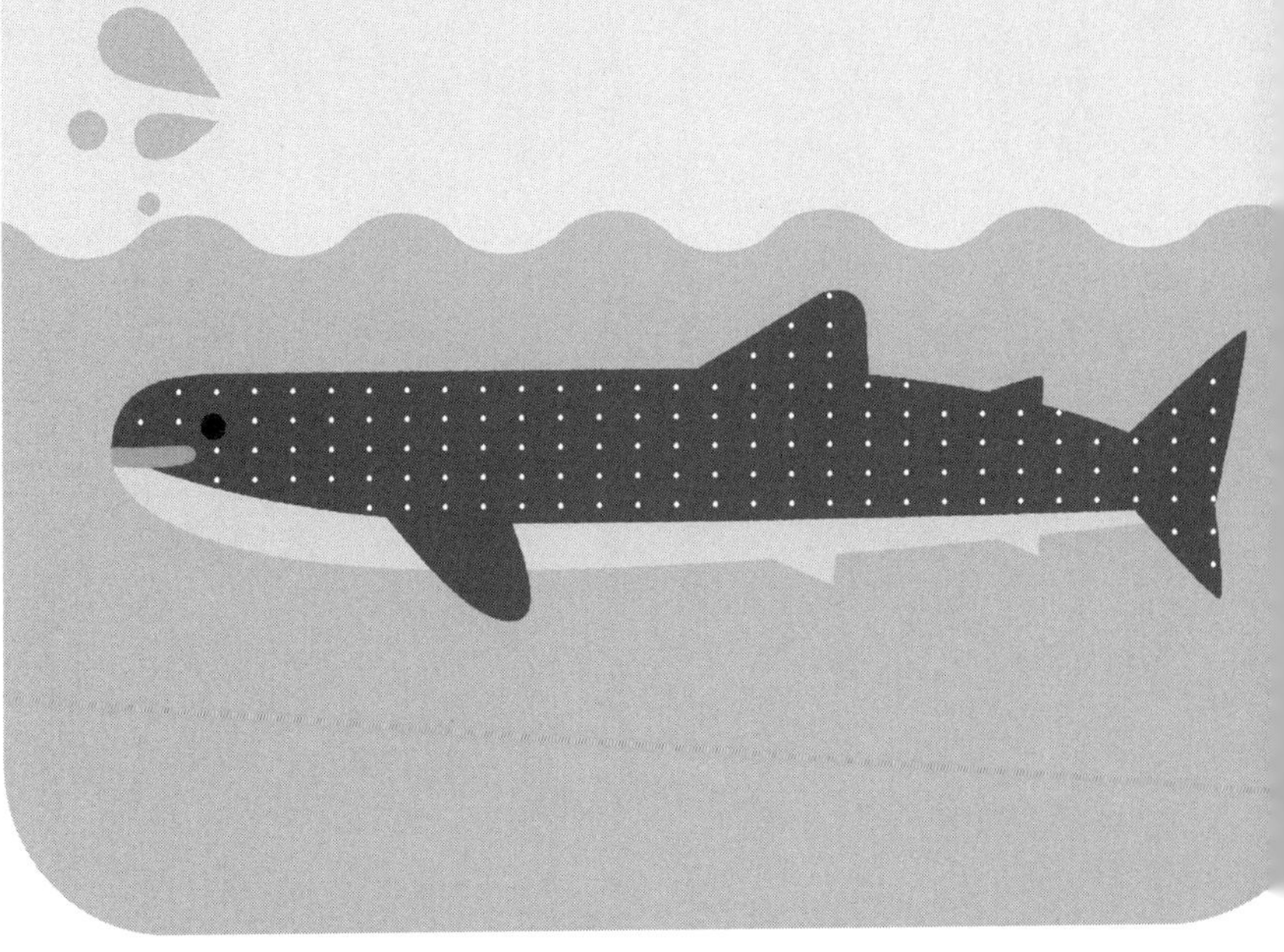

美《ちゅ》ら海水族館《うみすいぞくかん》で、いちばんの人気《にんき》をほこる大水《だいすい》そう〝黒潮《くろしお》の海《うみ》〟のなかを、大《おお》きなジンベエザメがゆうゆうと泳《およ》いでいく。そのわきでは、マンタが、大《おお》きなマントをひるがえすようにしながらくるくるとまわっている。

大《おお》きな魚《さかな》たちは、イソマグロ、ホウライザメ、ミナミイケカツオ。むれを作《つく》って泳《およ》いでいるのは、グルクマ、タカサゴたち。

これだけたくさんの魚《さかな》が、一つの水《すい》そうで泳《およ》げるのには理由《りゆう》がある。酸素《さんそ》だ。美《ちゅ》ら海水族館《うみすいぞくかん》では、すぐそばにある海《うみ》から海水《かいすい》をポンプでくみあげて、つねに酸素《さんそ》をふくんだきれいな水《みず》に入《い》れかえている。台風《たいふう》などで停電《ていでん》してもポンプがとまらないように、非常用《ひじょうよう》の大型発電装置《おおがたはつでんそうち》もそなえつけられている。

横《よこ》はばが三十五メートル、奥《おく》ゆきが二十七メートルという大水《だいすい》そうにも理由《りゆう》がある。ジンベエザメが、泳《およ》げるための大《おお》きさなのだ。ジンベエザメは、水《すい》そうの一辺《いっぺん》が、全長《ぜんちょう》の三倍《ばい》の長《なが》さがないと、うまく曲《ま》がれずにしずんでしまうといわれている。

〝黒潮《くろしお》の海《うみ》〟は、一枚《まい》の大型《おおがた》アクリルガラスごしに、ジンベエザメの泳《およ》ぐすがたを見《み》ることができる、世界一《せかいいち》の大《おお》きさをほこる水《すい》そうとして、二〇〇二年《ねん》に誕生《たんじょう》した。最新《さいしん》の技術《ぎじゅつ》

美《ちゅ》ら海水族館《うみすいぞくかん》でいちばんの人気《にんき》をほこる、“黒潮《くろしお》の海《うみ》”。
ジンベエザメやマンタが目《め》の前《まえ》を泳《およ》いでいく。

と、たくさんの知恵《ちえ》とくふうをつめこみ、世界《せかい》ではじめて、ジンベエザメやマンタなど、大型《おおがた》の魚《さかな》の飼育《しいく》に成功《せいこう》した水族館《すいぞくかん》になった。

魚類《ぎょるい》を担当《たんとう》する飼育員《しいくいん》の大切《たいせつ》な仕事《しごと》の一《ひと》つは、魚《さかな》たちをはこんでくることだ。水族館《すいぞくかん》の船《ふね》で魚《さかな》をとりに行《い》くこともあれば、漁師《りょうし》の船《ふね》にのせてもらい、いっしょに漁《りょう》につれていってもらうこともある。

ときどき漁師《りょうし》たちは、めずらしい魚《さかな》がとれると電話《でんわ》をくれる。飼育員《しいくいん》は連絡《れんらく》をもらったら、すぐに漁師《りょうし》のもとにかけつける。魚《さかな》が弱《よわ》ってしまう前《まえ》に、水族館《すいぞくかん》につれてきたいからだ。

ジンベエザメのときは、とくに漁師《りょうし》の協力《きょうりょく》がかかせない。沖縄《おきなわ》では、海《うみ》に網《あみ》をしかけて魚《さかな》をとる定置網漁《ていちあみりょう》が多《おお》い。すると、年《ねん》に何回《なんかい》か、そのなかにジンベエザメがはいるのである。

大《おお》きなジンベエザメが定置網《ていちあみ》のなかであばれたら、網《あみ》がやぶれるかもしれない。漁師《りょうし》たちは、すぐ、にがしたいところだろう。それでもにがさずに『ジンベエザメ、はいっているよ。』と連絡《れんらく》をくれ、飼育員《しいくいん》たちがかけつけるのをまっていてくれるのだ。定置網《ていちあみ》にはいったジンベエザメのほとんどは、からだの大《おお》きさをはかり、血液《けつえき》をとったらそのままにがす。

そして、ときどき、水族館《すいぞくかん》につれてくる。

大《おお》きなジンベエザメは、どうやって水族館《すいぞくかん》まではこぶのか。

最初《さいしょ》に、漁師《りょうし》の定置網《ていちあみ》から出《だ》して水族館《すいぞくかん》のいけすまではこぶ。いけすは、海《うみ》に網《あみ》をはってかこった場所《ばしょ》のこと。水族館《すいぞくかん》での生活《せいかつ》にはいる前《まえ》に、このいけすで餌《えさ》を食《た》べられるように訓練《くんれん》するのだ。

はこぶときに使《つか》うのは、一辺《いっぺん》だけがとびらのようにひらく箱型水《はこがたすい》そう。これを漁師《りょうし》の定《てい》置網《ちあみ》のわきにつけて、ジンベエザメにはいってもらうのだが、これが、とにかくむずかしい。

箱型水《はこがたすい》そうをひっぱる船《ふね》の上《うえ》にいる飼育員《しいくいん》が、餌《えさ》を使《つか》って、とびらをあけた箱型水《はこがたすい》そうのなかにジンベエザメをさそいこむ。海《うみ》のなかでは、高《たか》いダイビング技術《ぎじゅつ》をもった十人《にん》はどのベテラン飼育員軍団《しいくいんぐんだん》が、ジンベエザメをうしろから、かこむように泳《およ》いでいく。

最初《さいしょ》はうまくいくのだが、ジンベエザメは箱型水《はこがたすい》そうのなかにあたまを入《い》れたとたん、その先《さき》が行《い》き止《ど》まりであることに気《き》づいて出《で》ようとする。

しかし、ここで出《だ》してしまったら、ジンベエザメはもう二度《にど》とはいろうとしない。

チャンスは一度《いちど》きりだ。

ベテラン軍団《ぐんだん》のリーダーは、ジンベエザメが気《き》づいた瞬間《しゅんかん》を見《み》のがさない。

『今《いま》だ！』

フィンをつけた足《あし》をいきおいよく動《うご》かし、ジンベエザメにむかっていく。それを合図《あいず》に、まわりにいた飼育員《しいくいん》たちも、いっせいにジンベエザメがにげようとするのをふせぐ。

ジンベエザメが、からだをくねらせ、大《おお》きな尾《お》びれを左右《さゆう》にふる。あたったら飼育員《しいくいん》は、海《うみ》のなかではじきとばされてしまう。しかし、そこはベテラン軍団《ぐんだん》。尾《お》びれがあたらないようにじょうずに泳《およ》ぎながら、ジンベエザメを箱型水《はこがたすい》そうのなかにおいこんでいく。

ジンベエザメのからだが、箱型水《はこがたすい》そうのなかにぜんぶはいったら、あけておいたとびらをすばやくしめる。

ほっとひと息《いき》つくまもなく、そのまま船《ふね》でひっぱっていいけすへとはこんでいく。いけすで、ひと月《つき》ほどかけて、ジンベエザメが餌《えさ》を食《た》べられるようになったら、ふたたび箱型水《はこがたすい》そうで港《みなと》までつれていき、そこからは大型《おおがた》トレーラーにのせて、水族館《すいぞくかん》にはこんでいくのだ。

水族館《すいぞくかん》の建物《たてもの》には、うらに、大型《おおがた》トレーラーがはいれる場所《ばしょ》がある。天井《てんじょう》のあたりに、がんじょうなレールがあり、このレールについているクレーンで担架《たんか》にのせたジンベエザメをつりあげて、〝黒潮《くろしお》の海《うみ》〟まではこぶ。

ジンベエザメが、〝黒潮《くろしお》の海《うみ》〟の真上《まうえ》までできたらクレーンをさげて、そうっと水《すい》そうに入《い》れるのだが、これでおわりではない。〝黒潮《くろしお》の海《うみ》〟のなかでは、ウェットスーツすがたの飼育員《しいくいん》が、四方《しほう》にわかれてまっている。水《すい》そうになれていないジンベエザメが、壁《かべ》にぶつからずに泳《およ》げるようになるまで見守《みまも》るのである。

美《ちゅ》ら海水族館《うみすいぞくかん》にいるジンベエザメのジンタは、一九九五年《ねん》に美《ちゅ》ら海水族館《うみすいぞくかん》の前身《ぜんしん》の沖縄《おきなわ》記念公園水族館《きねんこうえんすいぞくかん》にやってきた。今《いま》も毎日《まいにち》、ジンベエザメの世界最長飼育記録《せかいさいちょうしいくきろく》を更新中《こうしんちゅう》だ。

海《うみ》からジンベエザメをのせた担架《たんか》ごとクレーンでもちあげて、大型《おおがた》トレーラーにのせる。

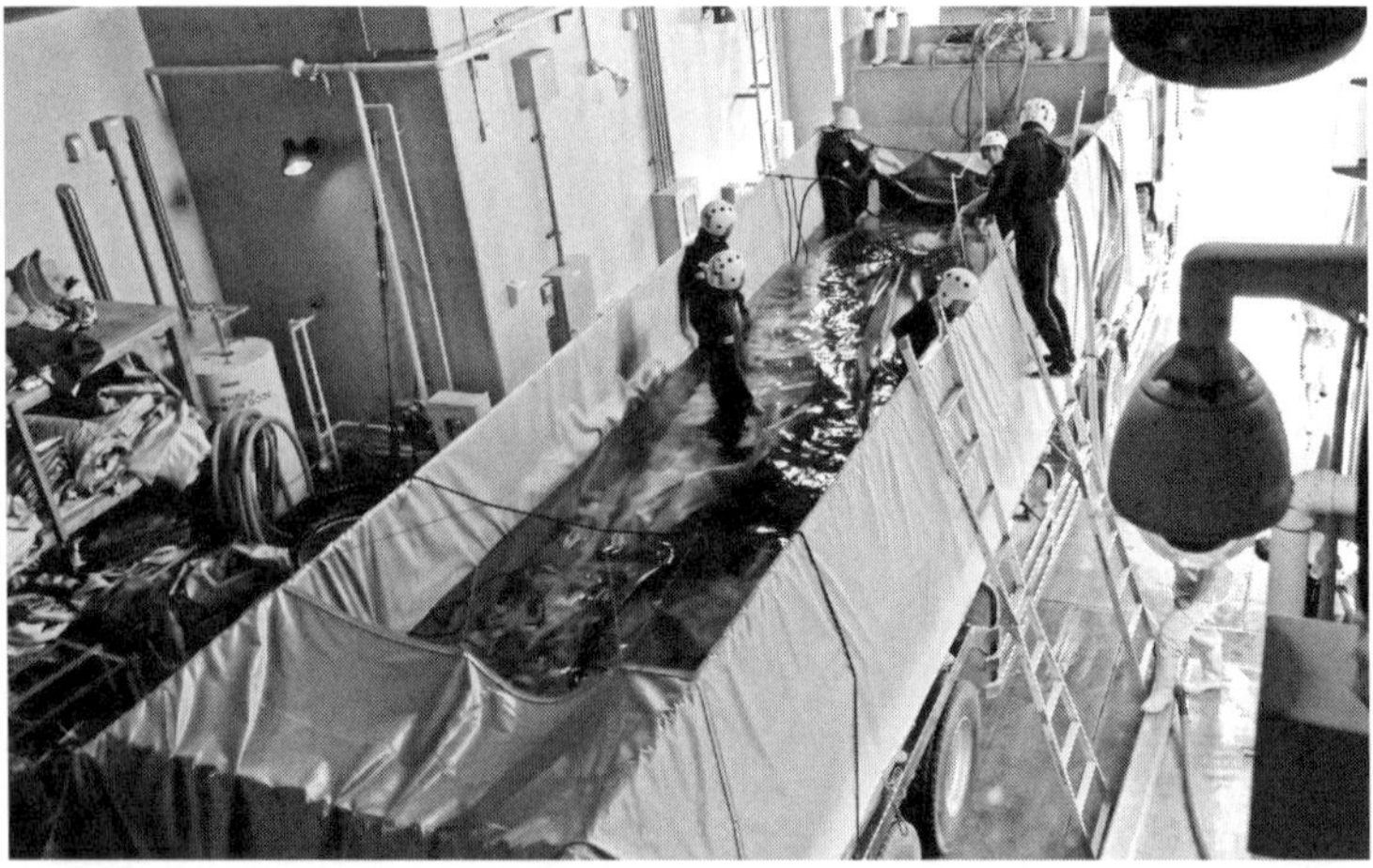

水族館《すいぞくかん》についた大型《おおがた》トレーラーの荷台《にだい》から、〝黒潮《くろしお》の海《うみ》〟へとはこばれていくジンベエザメ。

ジンタが食《た》べるのは、オキアミ、こまかく切《き》ったサバ、シラス、サクラエビなど。一日《にち》、三十キログラム以上《いじょう》食《た》べる。

飼育員《しいくいん》が、ひしゃくで水面《すいめん》をたたくと、それが食事《しょくじ》の合図《あいず》。ジンタは、すぐによってくる。

餌《えさ》が投《な》げいれられると、ジンタは大《おお》きな口《くち》をあけて海水《かいすい》ごと一気《いっき》にすいこんでいく。大《おお》きなからだを、口《くち》を上《うえ》にむけて立《た》てていき、最後《さいご》は、ほとんど立《た》ちおよぎをしながら餌《えさ》と海水《かいすい》をすいこむ。

すごい迫力《はくりょく》だ。

すいこんだ海水《かいすい》は飲《の》みこむのではなく、すべてエラから出《だ》している。エラがザルのようになっていて、餌《えさ》だけをこしとって食《た》べているのである。

ジンタの豪快《ごうかい》な食事《しょくじ》のようすは、美《ちゅ》ら海水族館《うみすいぞくかん》でも大人気《だいにんき》だ。

水族館《すいぞくかん》にきたときは、全長《ぜんちょう》が四・六メートルと、まだおさなかったジンタだが、それから三十年近《ねんちか》くたち、今《いま》では約《やく》二倍《ばい》の八・八メートル。すっかり、おとなになった。

今《いま》（二〇二四年《ねん》四月時点《がつじてん》）、〝黒潮《くろしお》の海《うみ》〟にいるジンベエザメはジンタだけなので、見《み》た人《ひと》から、一人《ひとり》ぼっちでさみしそうといわれることがある。けれど、おとなになって繁殖《はんしょく》するあいてを探《さが》すときのジンベエザメのオスは、ひろい海《うみ》を何《なん》か月《げつ》も一匹《ぴき》だけで泳《およ》ぐことがわかっている。

ただ、ジンベエザメをはじめ、海《うみ》の生《い》き物《もの》はなぞだらけだ。

何歳《なんさい》まで生《い》きるのか、どのくらいまで大《おお》きくなるのか、まるでわかっていない。ジンベエザメも、全長《ぜんちょう》が十四メートルをこえるといわれているけれど、見《み》つけられていないだけで、もっと大《おお》きなものも、いるかもしれないのだ。

陸《りく》の生《い》き物《もの》なら、双眼鏡《そうがんきょう》で見《み》たり、カメラのついたドローンをとばしたりして空《そら》から見《み》ることができる。死体《したい》を見《み》つけたときは解剖《かいぼう》もできるし、おなかのなかのものをしらべれば、なにを食《た》べていたかもわかるだろう。

ところが海《うみ》の生《い》き物《もの》は、かんたんにそのすがたを見《み》ることはできない。砂浜《すなはま》にうちあげられる死体《したい》は、ほんとうにわずかで、解剖《かいぼう》すらできない種類《しゅるい》のほうが多《おお》い。そもそも、深《ふか》い海《うみ》のなかで一生《いっしょう》をすごし、人間《にんげん》とまったく出会《であ》わない生《い》き物《もの》もいるのだ。

だから、美《ちゅ》ら海水族館《うみすいぞくかん》では研究《けんきゅう》をつづけている。

どこにすんでいるのか。なにを食《た》べているのか。何歳《なんさい》まで生《い》きて、どうやって出産《しゅっさん》しているのか。

水族館《すいぞくかん》の飼育員《しいくいん》が、目《め》の前《まえ》にいる命《いのち》を守《まも》るためにいるのなら、水族館《すいぞくかん》の研究者《けんきゅうしゃ》は、未来《みらい》の命《いのち》を守《まも》るためにいる。なぞをときあかすことは、絶滅《ぜつめつ》させないためのゆいいつの方法《ほうほう》なのだ。

ジンタは、世界中《せかいじゅう》のサメ研究者《けんきゅうしゃ》に注目《ちゅうもく》されているジンベエザメである。

ひろい海《うみ》にいる一匹《ぴき》のジンベエザメを、何年《なんねん》ものあいだずっと観察《かんさつ》することはできないけれど、水族館《すいぞくかん》なら、成長《せいちょう》していくようすや、体調《たいちょう》の変化《へんか》を見《み》ることができる。ジンタは、三十年《ねん》近《ちか》く成長《せいちょう》の記録《きろく》がとれている世界《せかい》でも貴重《きちょう》な存在《そんざい》なのだ。

水族館《すいぞくかん》ではジンタに、月《つき》に一度《ど》の血液検査《けつえきけんさ》と、エコー検査《けんさ》とよばれる超音波検査《ちょうおんぱけんさ》（からだに超音波《ちょうおんぱ》をあてて、内臓《ないぞう》などの形《かたち》を画像《がぞう》にしてしらべる検査《けんさ》）をおこなって記録《きろく》をとりつづけている。

そもそもジンベエザメは、検査《けんさ》がやりにくい。やるとしたら、麻酔《ますい》をかけておとなしくさせて水《すい》そうから出《だ》さなければならない。なんといってもこの大《おお》きさだ。時間《じかん》もかかるし、たくさんの人《ひと》の協力《きょうりょく》もいる。それに、ジンベエザメを弱《よわ》らせてしまうかもしれない。

そこで美《ちゅ》ら海水族館《うみすいぞくかん》が考《かんが》えだしたのが、泳《およ》ぎながらの検査《けんさ》である。検査担当者《けんさたんとうしゃ》が、水《すい》そうのなかでいっしょに泳《およ》ぎながら検査《けんさ》していく方法《ほうほう》なら、毎月《まいつき》の定期的《ていきてき》な検査《けんさ》はもちろん、ようすがちがうときに、すぐにしらべることができる。

水中《すいちゅう》での血液検査《けつえきけんさ》は世界《せかい》ではじめて、美《ちゅ》ら海水族館《うみすいぞくかん》の館長《かんちょう》と獣医師《じゅういし》がはじめた。今《いま》、この検査《けんさ》を担当《たんとう》しているのは、動物健康管理室《どうぶつけんこうかんりしつ》、魚類《ぎょるい》の検査担当《けんさたんとう》、村上佳織《むらかみかおり》。

ダイビングが得意《とくい》で、海《うみ》のすばらしさを知《し》るとどうじに、海《うみ》の怖《こわ》さもよく知《し》っている。村上《むらかみ》が足《あし》にはくフィンは、ほかの飼育員《しいくいん》たちのものより長《なが》い。長《なが》いフィンは速《はや》く進《すす》むことができるけれど、水《みず》をじょうずにける力《ちから》がなければ使《つか》いこなせないものだ。

朝《あさ》、村上《むらかみ》は水族館《すいぞくかん》にくると、まだ電気《でんき》のついていない〝黒潮《くろしお》の海《うみ》〟にやってくる。暗《くら》い水族館《すいぞくかん》は、魚《さかな》にとっては夜《よる》のようなもの。そのときのジンタの泳《およ》ぎかたに、変《か》わったところがないかを見《み》ていく。少《すこ》しでも変《か》わったところがあれば、数日間《すうじつかん》、注意《ちゅうい》ぶかくようすを見《み》る。検査《けんさ》が必要《ひつよう》なのかどうか、見《み》きわめるのだ。

〝黒潮《くろしお》の海《うみ》〟に、電気《でんき》がついて明《あか》るくなった。

飼育員《しいくいん》たちが、それぞれ担当《たんとう》する魚《さかな》の餌《えさ》を準備《じゅんび》して、水《すい》そうのまわりを行《い》き来《き》している。

「村上《むらかみ》さん、今日《きょう》、ジンタの検査《けんさ》、しますよね？」

「はい。エコー検査《けんさ》で、消化状態《しょうかじょうたい》も見《み》てみますね。」

村上《むらかみ》は、飼育員《しいくいん》と言葉《ことば》をかわしながら検査《けんさ》の予定《よてい》を伝《つた》え、魚《さかな》たちについて少《すこ》しでも気《き》になったことを教《おし》えあう。あとで急《きゅう》に具合《ぐあい》が悪《わる》くなり、あのときの動《うご》きがその前《まえ》ぶれだったのかもしれない、ということがあるからだ。

九時半《じはん》になると、マンタへの餌《えさ》やりにつづき、ジンタの餌《えさ》の時間《じかん》。

村上《むらかみ》は水《すい》そうの上《うえ》から、ジンタが食《た》べるようすをじっと見《み》つめる。毎日《まいにち》見《み》ていると、ジンタは、餌《えさ》への反応《はんのう》や泳《およ》ぐようすが季節《きせつ》によってちがうことがわかる。

水温《すいおん》が変《か》わるからか、それとも、まわりの魚《さかな》たちの動《うご》きが変《か》わるので反応《はんのう》しているのか。今《いま》はまだ、理由《りゆう》がわからないけれど、水温《すいおん》、餌《えさ》、まわりの魚《さかな》の動《うご》きといったデータをずっととりつづけたらわかってくるはずだ。

ジンタの検査《けんさ》の時間《じかん》になった。ウェットスーツに着《き》がえた村上《むらかみ》だが、すぐに水《みず》のなかにはいるわけではない。まず、水面《すいめん》から魚《さかな》たちの動《うご》きを見《み》る。

ジンタはときどき、プールの壁《かべ》にもたれかかるように、からだをななめにして泳《およ》ぐことがある。そんなとき、ジンタと水《すい》そうの壁《かべ》のあいだにはいってしまったら、壁《かべ》におしつけられてしまう。六トンもあるジンタにおしつけられるなんて、想像《そうぞう》するだけで怖《こわ》い。

ジンタだけではない。マンタのオスが、メスをおいかけているときは、まわりを見《み》ていないので、ときどきぶつかってくることがある。トラフザメは、目《め》がよく見《み》えないので、やはりぶつかってくることがある。オオテンジクザメは、まわりにあるものをすいこむので、顔《かお》の前《まえ》には、ぜったいに手《て》を出《だ》してはいけない。

今日《きょう》は、ジンタは水《すい》そうのなかを、ゆっくりと左《ひだり》まわりで泳《およ》いでいる。マンタたちは一か所《しょ》で、くるくると小《ち》さくまわっている。ほかの魚《さかな》たちも、おちついているようだ。

ひととおりたしかめて、村上《むらかみ》が水《みず》のなかにはいると、一瞬《いっしゅん》、今《いま》まできこえていた音《おと》が消《き》える。そして、ちがう音色《ねいろ》のさまざまな音《おと》がきこえてくる。

水《すい》そうに海水《かいすい》を入《い》れるポンプが動《うご》いている音《おと》は、低《ひく》くうなるような音《おと》に変《か》わる。

水《すい》そうのまわりにある鉄《てつ》のとびらを、開《あ》け閉《し》めする音《おと》もきこえる。

そして、水《みず》のなかでだけきこえる音《おと》がある。

ロウニンアジが、エラを洗《あら》うときの、エラを閉《と》じるぱくんという音《おと》。

マグロが、急《きゅう》にむきを変《か》えるときの、バン！　という音《おと》。

水《すい》そうのなかが、こんなににぎやかな音《おと》がすることは、あまり知《し》られていない。とくにマンタが、腸《ちょう》にたまった餌《えさ》の残《のこ》りカスなどを出《だ》すために、腸《ちょう》を少《すこ》しだけ肛門《こうもん》から出《だ》す腸洗《ちょうあら》いの、ばしゅっ、ばしゅっという音《おと》は、世界《せかい》でもきいたことがある人《ひと》はほとんどいないだろう。

水《みず》のなかで、魚《さかな》のそばにいる時間《じかん》が長《なが》い村上《むらかみ》だからこそ知《し》っている音《おと》の世界《せかい》だ。

村上《むらかみ》は、プールの底《そこ》を見《み》た。たまに、サメが産《う》んだ卵《たまご》がおちていることがあるのだ。

(今日《きょう》は、なにもないな。)

水《みず》のなかからもういちど、魚《さかな》たちのようすを見《み》る。

あいかわらず、左《ひだり》まわりに泳《およ》いでいるジンタだが、深《ふか》くもぐったり、水面《すいめん》に近《ちか》づいたりをくりかえしはじめた。

村上《むらかみ》はジンタの動《うご》きを見《み》ながら、血液《けつえき》をとるタイミングを考《かんが》える。

人間《にんげん》は、深《ふか》いところから一気《いっき》に水面《すいめん》にむかうと、血管《けっかん》のなかに空気《くうき》の泡《あわ》ができてめまいをおこし、ひどい場合《ばあい》は死《し》んでしまう。

ジンタが深《ふか》くもぐっているということは、このあと、うかびあがってくるということだ。ここで針《はり》をさしてしまったら、村上《むらかみ》のからだもジンタといっしょに、一気《いっき》に水面《すいめん》へむかってしまう。

ジンタが、水面近《すいめんちか》くに上《あ》がってきた。このあとジンタはもぐるけれど、もぐるときならだいじょうぶ。村上《むらかみ》は、フィンで思《おも》いきり水《みず》をけって、すばやくジンタに近《ちか》づく。

胸《むな》びれをつかみ、自分《じぶん》のからだを安定《あんてい》させると、胸《むな》びれの下《した》あたりに手《て》ぎわよく針《はり》を入《い》れた。ここに、太《ふと》い血管《けっかん》があるのだ。

ジンベエザメは、痛《いた》みを感《かん》じないというサメ研究者《けんきゅうしゃ》もいるけれど、村上《むらかみ》はそうは思《おも》わない。針《はり》をさすとからだをピクッとさせるし、にげるように急《きゅう》に泳《およ》ぎが速《はや》くなるときがあるからだ。

いやがるときは、むりをしない。いちどはなれて、おちつくまでまつ。

水《みず》のなかは、一瞬《いっしゅん》の油断《ゆだん》が事故《じこ》につながりかねない。むりは禁物《きんもつ》。安全《あんぜん》に作業《さぎょう》をおえることがなによりも大切《たいせつ》なのだ。

血液《けつえき》をとりおわって水面《すいめん》にもどってくると、水《すい》そうのわきで、動物健康管理室《どうぶつけんこうかんりしつ》、魚類《ぎょるい》の検査担当《けんさたんとう》、野口岬《のぐちみさき》がまっていた。

「野口《のぐち》さん、おねがいします。」

「はい、すぐにやりますね。」

血液《けつえき》をわたすと、野口《のぐち》はすぐに検査室《けんさしつ》にもどっていった。

村上《むらかみ》は次《つぎ》に、エコー検査《けんさ》にうつる。

エコー検査《けんさ》は、本体《ほんたい》からマイクのようにのびている器械《きかい》をからだにあてていく。人間《にんげん》の病院《びょういん》で使《つか》うエコー検査機《けんさき》は、コンピュータのディスプレイのような大《おお》きな画面《がめん》があり、そこにうつしだされた画像《がぞう》を見《み》ながら検査《けんさ》を進《すす》めていく。

しかし、村上《むらかみ》が使《つか》うものはちょっとちがう。もちはこびができる小《ち》さなポータブルタイプ。しかも、水《みず》のなかで使《つか》うため、特別《とくべつ》な専用《せんよう》ケースにはいっているのだ。画像《がぞう》はケースごしに見《み》えるけれど、細《こま》かなところまではわかりにくい。なので、録画《ろくが》しておいてあとでしっかり確認《かくにん》する。

この特別《とくべつ》な専用《せんよう》ケースは動物健康管理室《どうぶつけんこうかんりしつ》の植田獣医師《うえだじゅういし》が、水中《すいちゅう》で血液検査《けつえきけんさ》ができるのならエコー検査《けんさ》もできるのではないかと思《おも》いつき、作《つく》ったものだ。

ただ、ものはあっても、ジンベエザメといっしょに泳《およ》ぎ、しっかりと器械《きかい》をあてる技術《ぎじゅつ》がある人《ひと》でないと使《つか》えない。

専用《せんよう》のケースを作《つく》る前《まえ》に、植田獣医師《うえだじゅういし》が村上《むらかみ》にきいてみると、

「わたしが、責任《せきにん》をもって使《つか》いこなします！」

と、力強《ちからづよ》い言葉《ことば》がかえってきた。ジンベエザメへの水中《すいちゅう》エコー検査《けんさ》を、世界《せかい》ではじめておこなったのは村上《むらかみ》である。

こうして、水中《すいちゅう》でエコー検査《けんさ》ができるようになったことで、さまざまなデータがとれる

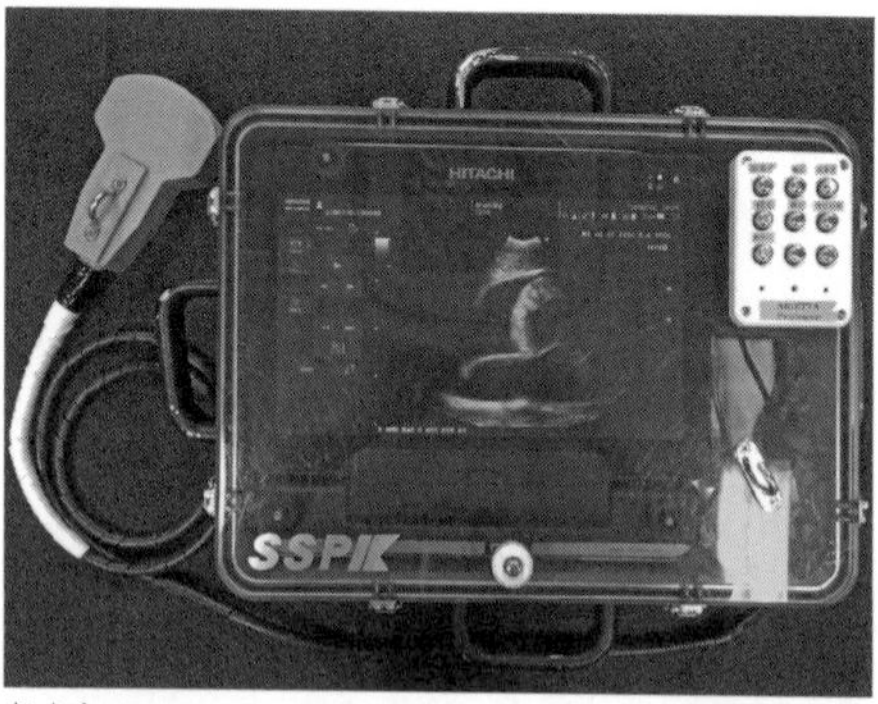

水中《すいちゅう》で、ジンベエザメなどにエコー検査《けんさ》をおこなうときに使《つか》うケースにはいった検査機《けんさき》。左《ひだり》に見《み》える白《しろ》いマイクのようなものを、からだにあてる。

ようになってきた。

ジンベエザメが、便《べん》を出《だ》すまでの腸《ちょう》の動《うご》き。

毎年《まいとし》、からだの成長《せいちょう》とどうじに、内臓《ないぞう》が発達《はったつ》していくようす。

泳《およ》いでいるときのジンベエザメの心臓《しんぞう》が、一分間《ぶんかん》に七〜十八回《かい》（しずかにしているときの小学生《しょうがくせい》は、八十〜百回《かい》くらい）、動《うご》いていることもつきとめた。

オオテンジクザメが妊娠《にんしん》したときも、エコー検査《けんさ》で胎仔《たいじ》（生《う》まれる前《まえ》の赤《あか》ちゃん）のようすを確認《かくにん》し、オオテンジクザメの胎仔《たいじ》は、左右《さゆう》二つある子宮《しきゅう》（生《う》まれる前《まえ》の赤《あか》ちゃんを育《そだ》てるところ。サメには二つある）を行《い》き来《き》することを世界《せかい》ではじめて発見《はっけん》している。

このように、水族館《すいぞくかん》だからこそできる研究《けんきゅう》や、そこからわかった世界的発見《せかいてきはっけん》は、まだまだたくさんある。たとえば美《ちゅ》ら海水族館《うみすいぞくかん》の、ジンベエザメの目《め》のウロコ大発見《だいはっけん》。

数年前《すうねんまえ》のある日《ひ》、美《ちゅ》ら海水族館《うみすいぞくかん》のサメ研究者《けんきゅうしゃ》たちが、解剖室《かいぼうしつ》のたなをかたづけていると、ビンにはいった目玉《めだま》の標本《ひょうほん》が見《み》つかった。

「これ、ジンベエザメの目《め》だよね？」

「ずいぶん前《まえ》に解剖《かいぼう》したジンベエザメのものだ。保管《ほかん》していたんだ。」

宮田壮《みやたそう》が見《み》つけたビンを、冨永武明《とみながたけあき》がのぞきこむ。

すると、ビンをもった宮田《みやた》が、あれ？　という顔《かお》をしていった。

「これ、なんだろう？」

二人《ふたり》でいっしょに、ビンに顔《かお》を近《ちか》づける。

「ほら、白目《しろめ》のところに、ぶつぶつがある。」

「ほんとだ。ウロコじゃないの？」

冨永《とみなが》がいうと、宮田《みやた》がけげんそうな顔《かお》をする。

「白目《しろめ》にウロコがある生《い》き物《もの》なんて、きいたことないよ。」

きいたことがない。それはつまり、大発見《だいはっけん》かもしれないということだ。冨永《とみなが》は、わくわくしはじめた。

（もしもウロコだったら、すごいぞ。これ、論文《ろんぶん》にできないかな。）

ただ、『ジンベエザメの白目《しろめ》が、ウロコでおおわれていました。』だけでは論文《ろんぶん》にならない。それでは、事実《じじつ》を書《か》いただけだ。

なぜ、ウロコがあるのか理由《りゆう》を知《し》りたい。けれど、なにをしらべればいいのかわからない。

しばらくたったある日《ひ》、冨永《とみなが》が、動物健康管理室《どうぶつけんこうかんりしつ》の村上《むらかみ》と雑談《ざつだん》をしていたときのこと。

冨永《とみなが》は、村上《むらかみ》と雑談《ざつだん》をするのが好《す》きだ。

研究者《けんきゅうしゃ》として論文《ろんぶん》を書《か》く冨永《とみなが》は、自分《じぶん》で水《すい》そうのなかにはいることはない。

料理《りょうり》でいうと、冨永《とみなが》は料理《りょうり》をする人《ひと》で、野菜《やさい》は作《つく》らない。野菜作《やさいづく》りは、じょうずな人《ひと》にまかせたほうがいいからだ。とくに、村上《むらかみ》は野菜作《やさいづく》りの名人《めいじん》だった。

ほかの人《ひと》は気《き》にしないようなことを、どうしてこうなっているんだろう？　と、新鮮《しんせん》な視点《してん》で見《み》て、気《き》づいたことを教《おし》えてくれる。

村上《むらかみ》のどうして？　から、新《あたら》しい発見《はっけん》や研究《けんきゅう》につながることがたくさんあるのだ。

その日《ひ》もそうだった。冨永《とみなが》が村上《むらかみ》と、魚《さかな》の目《め》の話《はなし》をしていたときだ。

「魚《さかな》のなかには、目《め》がくるりとまわって、裏《うら》がわまでひっくりかえるものがいるんだよ。なんでそんなふうに動《うご》くのかなあ。」

冨永《とみなが》がなにげなくいうと、突然《とつぜん》、村上《むらかみ》がいった。

「ジンベエザメも、目《め》がひっこむよ？」

「えっ、そうなの？」

「眼球《がんきゅう》が奥《おく》に、むーっと。」

村上《むらかみ》が顔《かお》に手《て》をあてて、ひっこむようすをまねてみせる。

「そんなことがあるんだ！」

ほかの飼育員《しいくいん》たちも、そのことは知《し》っているのだろう。でも、みんな、いつも見《み》ているせいか、そんなことはあたりまえというかんじで、いちども話題《わだい》にならなかった。

でも、村上《むらかみ》はちがう。おもしろいと思《おも》って、こうして冨永《とみなが》に教《おし》えてくれる。さらに、動《どう》画《が》もとっていたのだ。

村上《むらかみ》は、机《つくえ》の上《うえ》のパソコンをひらいて動画《どうが》を再生《さいせい》する。

ジンベエザメの目《め》が、ゆっくりと奥《おく》にひっこんでいく映像《えいぞう》がばっちりとうつっている。

映像《えいぞう》を見《み》ながら、冨永《とみなが》は考《かんが》えた。

（ひっこむのは、ジンベエザメの白目《しろめ》が、ウロコのようなものでおおわれていることと、おなじ理由《りゆう》なのではないか？　ジンベエザメは、目《め》を守《まも》ろうとしている？）

今《いま》までサメ研究者《けんきゅうしゃ》のあいだでは、ジンベエザメは泳《およ》いでいるときに、あまり目《め》を使《つか》っていないといわれていた。でも、ほんとうは目《め》を使《つか》って、見《み》ながら泳《およ》いでいるからこそ、目《め》を守《まも》るしくみになっているのではないか？　新発見《しんはっけん》の可能性《かのうせい》が出《で》てきた。

「村上《むらかみ》さん！」

冨永《とみなが》が、大《おお》きな声《こえ》を出《だ》した。

「これ、論文《ろんぶん》になるかも！　データをとろう！」

「ほんと？　どういうデータをとってくればいい？」

村上《むらかみ》が、また、おもしろいことがはじまりそうだという顔《かお》でうなずいた。

目《め》がひっこむ動画《どうが》はすでにある。なので、目《め》がひっこむときの目《め》の奥《おく》のようすを、エコー検査《けんさ》で撮影《さつえい》することになった。

水《すい》そうのなかにはいった村上《むらかみ》は、ジンタの顔《かお》のそばに近《ちか》づいていく。けれど、ジンタは、村上《むらかみ》が目元《めもと》にエコー検査《けんさ》の器械《きかい》をあてようとすると、さっと目《め》をひっこめてしまう。

（ひっこめる前《まえ》からとりたいのに。）

どう近《ちか》よっていけば、ジンタが目《め》をひっこめる前《まえ》からとれるだろうか。

（目元《めもと》につけようとするから、あわててひっこめるのかもしれない。くっつけずに、少《すこ》しあいだをあけて撮影《さつえい》したらうまくいくかも。）

陸上《りくじょう》とちがい、水中《すいちゅう》でおこなうエコー検査《けんさ》は、器械《きかい》をからだにぴったりつけなくても、あいだにあるのが水《みず》なので撮影《さつえい》ができる。問題《もんだい》は、器械《きかい》をぴったりつけないと、器械《きかい》と目元《めもと》のあいだが、はなれたり近《ちか》くなったりすることだ。

村上《むらかみ》は、泳《およ》ぎかたにくふうをした。村上《むらかみ》のダイビング技術《ぎじゅつ》で撮影《さつえい》されたエコー検査《けんさ》の画像《がぞう》には、目《め》をひっこめるようすが最初《さいしょ》から最後《さいご》まできれいにうつされていた。

冨永《とみなが》は、ジンベエザメの目玉《めだま》の標本《ひょうほん》を、沖縄科学技術大学院大学《おきなわかがくぎじゅつだいがくいんだいがく》でCT《シーティー》撮影《さつえい》してもらう。

材料《ざいりょう》はだいぶそろってきた。ただ、目玉《めだま》の標本《ひょうほん》は、一つしかない。そして動画《どうが》なども、ジンタの一匹分《ぴきぶん》しかない。

これでは、『たまたま、ジンタの目《め》がひっこむだけで、ぜんぶのジンベエザメがそうだとはいえないのではないか？』と、いわれてしまう。

研究《けんきゅう》の世界《せかい》では、一つの例《れい》だけで、すべてがそうだとはいえないのだ。

しかし、解決策《かいけつさく》はすぐそばにあった。ちょうど今《いま》、水族館《すいぞくかん》のいけすにもう一匹《ぴき》、ジンベエザメがいるではないか。さっそく、村上《むらかみ》に撮影《さつえい》してきてもらう。

これで、ジンタ以外《いがい》のデータもそろった。冨永《とみなが》は、論文《ろんぶん》を書《か》きあげた。

『ジンベエザメの白眼《はくがん》は、ウロコでおおわれていて、これは目《め》を守《まも》るためだと考《かんが》えられる。また、ジンベエザメは、眼球《がんきゅう》をひっこめてかくす能力《のうりょく》をもっている。』

『ジンベエザメは、泳《およ》いでいるとき、あまり目《め》を使《つか》っていないといわれているけれど、こうした目《め》を守《まも》る機能《きのう》をもっているということは、ほんとうは、ものすごく目《め》を使《つか》って見《み》ているのではないか。』

世界的《せかいてき》に有名《ゆうめい》なアメリカの科学雑誌《かがくざっし》、『プロスワン』に発表《はっぴょう》した論文《ろんぶん》は、世界中《せかいじゅう》からとんでもない反響《はんきょう》があり、編集者《へんしゅうしゃ》が選《えら》ぶ、その年《とし》を代表《だいひょう》する論文《ろんぶん》のトップ20に選《えら》ばれた。

泳《およ》ぎながら検査《けんさ》をする技術《ぎじゅつ》があれば、〝黒潮《くろしお》の海《うみ》〟やいけすなど、飼育《しいく》しているジンベエザメだけでなく、海《うみ》にいる野生《やせい》のジンベエザメのデータもとれるということだ。

今《いま》、美《ちゅ》ら海水族館《うみすいぞくかん》では沖縄中《おきなわじゅう》の漁師《りょうし》に協力《きょうりょく》してもらい、定置網《ていちあみ》にジンベエザメがはいったときは、定置網《ていちあみ》のなかでデータをとらせてもらっている。

海《うみ》でおこなう野生《やせい》のジンベエザメの調査《ちょうさ》は、水族館《すいぞくかん》の水《すい》そうとはくらべものにならないくらい危険《きけん》がつきまとう。

海水《かいすい》が、にごっていてよく見《み》えない。

背負《せお》っている空気《くうき》タンクの金具《かなぐ》が、定置網《ていちあみ》にひっかかりそうになる。

風《かぜ》の強《つよ》い日《ひ》は、船《ふね》が定置網《ていちあみ》のそばから動《うご》いてしまう。船《ふね》は、かんたんに風《かぜ》に流《なが》されてしまうのだ。

それでも、一つずつ対応《たいおう》していけば、安全《あんぜん》にデータをとることができる。

飼育員《しいくいん》たちは、まず、ジンベエザメの大《おお》きさをしらべる。

ジンベエザメの口先《くちさき》で、一人《ひとり》の飼育員《しいくいん》がロープのはしをもち、もう一人《ひとり》がロープをのばしながら背《せ》びれのつけねまで泳《およ》いでいく。ほんとうは尾《お》びれまでロープをのばしたいのだが、尾《お》びれの近《ちか》くはあぶないので、背《せ》びれまでの長《なが》さで全長《ぜんちょう》をみちびきだす計算式《けいさんしき》を作《つく》ってある。巻《ま》き尺《じゃく》ではなくロープを使《つか》うのは、断面《だんめん》が丸《まる》いので水《みず》の抵抗《ていこう》が少《すく》ないからだ。

次《つぎ》に、胴《どう》まわりをしらべる。

飼育員《しいくいん》が二人《ふたり》、ロープをもってジンベエザメの下《した》から両《りょう》がわにわかれる。そのまま一人《ひとり》だけが、ジンベエザメの上《うえ》をまわってくると、ロープが一周《しゅう》くるりとまかれ、胸《むな》びれのあたりの太《ふと》さがしらべられるというわけだ。

次《つぎ》に村上《むらかみ》の血液検査《けつえきけんさ》だ。いつも以上《いじょう》に注意《ちゅうい》ぶかくジンベエザメに近《ちか》づいて、胸《むな》びれのあたりから血液《けつえき》をとっていく。

おわると、ジンベエザメを定置網《ていちあみ》からにがす。ジンベエザメは、ゆうゆうと泳《およ》ぎ、あっというまに見《み》えなくなっていく。


沖縄《おきなわ》のまわりの海《うみ》にいるジンベエザメだけでなく、世界《せかい》の海《うみ》にいるジンベエザメのデータもとれないだろうか。泳《およ》いでいる場所《ばしょ》がちがえば、おなじジンベエザメでも、なにかちがうかもしれない。

魚類課《ぎょるいか》の松本瑠偉《まつもとるい》課長《かちょう》は、中東《ちゅうとう》のカタールでおこなわれた国際《こくさい》シンポジウムに参加《さんか》したとき、世界的《せかいてき》に有名《ゆうめい》な野生《やせい》のジンベエザメを研究《けんきゅう》するチームに、いっしょに研究《けんきゅう》できないか相談《そうだん》した。

世界《せかい》でも美《ちゅ》ら海水族館《うみすいぞくかん》だけができる、水中《すいちゅう》での血液検査《けつえきけんさ》とエコー検査《けんさ》。話《はなし》はすぐにまとまった。野生《やせい》のジンベエザメに会《あ》う場所《ばしょ》は、南米《なんべい》エクアドルにあるガラパゴス諸島《しょとう》のダーウィン島《とう》。夏《なつ》になるとこのあたりに、大《おお》きなジンベエザメがやってくるのだ。

船《ふね》で沖《おき》まで行《い》ってもぐり、水深《すいしん》二十メートルの場所《ばしょ》でジンベエザメがくるのをまつのだが、このあたりの海《うみ》は潮《しお》の流《なが》れが速《はや》く、岩《いわ》につかまっていないと流《なが》されそうになる。

それに、ジンベエザメの胸《むな》びれをつかんで血液《けつえき》をとったり、エコー検査《けんさ》をするということは、ジンベエザメの泳《およ》ぐ速度《そくど》で海《うみ》のなかを移動《いどう》するということだ。水《すい》そうや、定置網《ていちあみ》のなかとは、わけがちがう。油断《ゆだん》すると、あっというまに船《ふね》から遠《とお》いところまで行《い》ってしまう。

さらに、このあたりの海《うみ》は深《ふか》い。ジンベエザメといっしょに、深《ふか》くもぐりすぎないよう注意《ちゅうい》しなければいけない。

エコー検査《けんさ》を担当《たんとう》する松本課長《まつもとかちょう》と、血液検査《けつえきけんさ》をおこなう村上《むらかみ》は、各国《かっこく》からあつまった研究《けんきゅう》チームのダイバーたちにサポートをしてもらい、全長《ぜんちょう》が十三メートルもある大《おお》きなメスのジンベエザメの卵巣《らんそう》の撮影《さつえい》と血液検査《けつえきけんさ》に成功《せいこう》した。

もちろん、野生《やせい》のジンベエザメでは、世界初《せかいはつ》のことである。

水族館《すいぞくかん》で、沖縄《おきなわ》の海《うみ》で、そして、世界《せかい》の海《うみ》でおこなう調査《ちょうさ》。

こうしてつみかさねていったデータは、かならずいつか、世界中《せかいじゅう》のサメ研究者《けんきゅうしゃ》たちが、ジンベエザメの未来《みらい》のために使《つか》ってくれるはずだ。

第《だい》7章《しょう》

ホホジロザメ

サメ研究《けんきゅう》っておもしろい

地球上《ちきゅうじょう》に、人類《じんるい》が登場《とうじょう》したのは、数百万年前《すうひゃくまんねんまえ》。

恐竜《きょうりゅう》があらわれたのは、それよりずっと前《まえ》の、二億《おく》三千年前《ねんまえ》。

その恐竜《きょうりゅう》よりもさらに、ずっとずっと前《まえ》の四億《おく》二千万年前《まんねんまえ》に出《で》てきて、今《いま》もなお生《い》きのこっている生物《せいぶつ》がいる。

サメだ。

サメというと、大《おお》きな口《くち》をあけて人《ひと》をおそう、ホホジロザメを思《おも》いうかべるかもしれない。

ただ、ホホジロザメの名誉《めいよ》のために書《か》いておくと、ホホジロザメは、人《ひと》を食《た》べようといつもねらっているわけではない。おなかがすいているときに、目《め》の前《まえ》にいたのがたまたま人《ひと》だったので、おそってしまったというほうが正《ただ》しい。

サメの種類《しゅるい》は、五百以上《いじょう》。ホホジロザメは、そのなかでも変《か》わった存在《そんざい》だ。からだが大《おお》きいのである。多《おお》くのサメは、もっとずっと小《ちい》さくて、人間《にんげん》とは出会《であ》わないような深《ふか》くて真《ま》っ暗《くら》な海《うみ》でそうっと生《い》きている。

地球上《ちきゅうじょう》の海《うみ》のいちばん深《ふか》いところは、水深《すいしん》一万《まん》一千メートル。そんな深《ふか》いところにすんでいるサメがいるかどうかは、まだ、しらべられていないのでわからないけれど、水深《すいしん》四千五百メートルのところには、いることがわかっている。

サメのほとんどは、人《ひと》に見《み》つかることなく一生《いっしょう》をおえていく。人《ひと》が出《で》会《あ》えるとしたら、死《し》んだり弱《よわ》ったりして海岸《かいがん》にうちあげられたり、漁師《りょうし》の網《あみ》にかかったりしたときだけ。つまり、健康《けんこう》でぴんぴんしているサメは、ほとんど見《み》ることも、ましてやしらべることもできない。

それでも、これまで世界中《せかいじゅう》のサメ研究者《けんきゅうしゃ》たちが、コツコツとしらべつづけて、わかってきたことがある。

〝サメ博士《はかせ》の部屋《へや》〟では、さまざまなサメのふしぎが紹介《しょうかい》されている。

サメには、人《ひと》の手足《てあし》の骨《ほね》のような、かたい骨《ほね》がないこと。すべて、軟骨《なんこつ》とよばれる人《ひと》の鼻《はな》や耳《みみ》の骨《ほね》とおなじ、やわらかい骨《ほね》でできている。

歯《は》がなんどもはえかわるサメが、たくさんいること。ヨシキリザメは、毎日《まいにち》、歯《は》がはえかわり、一生《いっしょう》のうちに六万本《まんぼん》の歯《は》がはえてくる。虫歯《むしば》の心配《しんぱい》がないのは、うらやましい。

何年生《なんねんい》きるかは、種類《しゅるい》によってかなりちがうこと。ニシオンデンザメは、短《みじか》くても二百七十二年《ねん》。長《なが》いものは、四百年《ねん》くらい生《い》きるといわれている。

サメは魚《さかな》なので卵《たまご》を産《う》むこと。ところが、ほ乳類《にゅうるい》のように赤《あか》ちゃんを産《う》むサメもいる。

そして、母《はは》ザメの子宮《しきゅう》で胎仔《たいじ》をどのように育《そだ》てていくのか、種類《しゅるい》によってちがうこともわかってきた。

子宮《しきゅう》で育《そだ》てる期間《きかん》は、二、三か月《げつ》から、二年以上《ねんいじょう》と、まちまち。

人間《にんげん》とおなじように、へその緒《お》で母《はは》ザメとつながって栄養《えいよう》をもらうサメもいれば、胎仔《たいじ》のおなかにぷっくりとした栄養《えいよう》のはいった袋《ふくろ》がついていて、少《すこ》しずつ吸収《きゅうしゅう》しながら育《そだ》っていくサメもいる。また、母《はは》ザメが、胎仔《たいじ》が食《た》べるための卵《たまご》を子宮《しきゅう》のなかに産《う》み、食《た》べながら成長《せいちょう》するサメもいる。

なかでも、ホホジロザメはちょっと変《か》わっている。

自分《じぶん》のおなかについている袋《ふくろ》の栄養《えいよう》を吸収《きゅうしゅう》したあと、母《はは》ザメが産《う》んだ卵《たまご》を食《た》べる組《く》みあわせタイプだ、といわれていた。

そう、美《ちゅ》ら海水族館《うみすいぞくかん》の大発見《だいはっけん》があるまでは。


二〇一四年《ねん》二月《がつ》。

美《ちゅ》ら海水族館《うみすいぞくかん》のサメ研究者《けんきゅうしゃ》、佐藤圭一《さとうけいいち》統括《とうかつ》は、早朝《そうちょう》に家《いえ》を出《で》て、飛行機《ひこうき》で東京《とうきょう》にむかっていた。水族館《すいぞくかん》や動物園《どうぶつえん》の多《おお》くがはいっている、日本動物園水族館協会《にほんどうぶつえんすいぞくかんきょうかい》の責任者《せきにんしゃ》があつまる会議《かいぎ》に出《で》るためだ。

東京《とうきょう》の羽田空港《はねだくうこう》について携帯電話《けいたいでんわ》の電源《でんげん》を入《い》れると、メールがとどいていた。美《ちゅ》ら海水《うみすい》族館《ぞくかん》のサメ研究者《けんきゅうしゃ》である宮田《みやた》からだ。

『読谷漁港《よみたんぎょこう》から連絡《れんらく》あり。全長《ぜんちょう》五メートルのホホジロザメがとれたらしい。死《し》んでいるようなので、水族館《すいぞくかん》にはこびます。』

短《みじか》いメールには、そう書《か》いてあった。

読谷漁港《よみたんぎょこう》は、美《ちゅ》ら海水族館《うみすいぞくかん》からクルマで一時間《じかん》ほどのところにある。

（ホホジロザメか。）

沖縄《おきなわ》のなかでも読谷漁港《よみたんぎょこう》の定置網《ていちあみ》は大型《おおがた》で、ジンベエザメやマンタだけでなく、ごくたまにホホジロザメもはいるときがある。メスのホホジロザメが、北《きた》にむかうときにこのあたりの海《うみ》をとおるようだ。

ただ、定置網《ていちあみ》にはいると、ホホジロザメは弱《よわ》ってしまう。やはり今回《こんかい》も、死《し》んでしまったようだった。

（解剖《かいぼう》の準備《じゅんび》をしてもらわなくちゃ。）

佐藤統括《さとうとうかつ》は、ぼんやりそう考《かんが》えた。自分《じぶん》は今《いま》、東京《とうきょう》にいるのでなにもできない。しかし、いわなくても宮田《みやた》や冨永《とみなが》など、サメ研究者《けんきゅうしゃ》の仲間《なかま》たちが準備《じゅんび》をはじめているだろう。

（メスかな。赤《あか》ちゃんがはいっていたら、どうしようか。）

ちらりとそう思《おも》う。

もしも、妊娠《にんしん》しているメスだったら新《あたら》しい発見《はっけん》があるかもしれない。けれど、そんなに都合《つごう》のいい話《はなし》は、かんたんにころがっていない。

あまり期待《きたい》をしすぎるとがっかりするので、佐藤統括《さとうとうかつ》は宮田《みやた》に短《みじか》く返信《へんしん》しておいた。

『メスだったら、くわしくしらべたいからサンプルをとっておいてください。』


昼《ひる》すぎに、東京《とうきょう》の会議室《かいぎしつ》につく。

出席者《しゅっせきしゃ》は、佐藤統括《さとうとうかつ》をいれて八人《にん》の小《ちい》さな、でも、重要《じゅうよう》な会議《かいぎ》だ。

はじまってすぐに、佐藤統括《さとうとうかつ》のカバンのなかがふるえだした。電話《でんわ》がかかってきたことを伝《つた》える、携帯電話《けいたいでんわ》のバイブレーションだ。

こそっとカバンをあけて携帯電話《けいたいでんわ》をとりだし、画面《がめん》を見《み》ると宮田《みやた》からだった。会議《かいぎ》であることは知《し》っているはずだ。メールではなく電話《でんわ》をかけてくるのは、きっと緊急《きんきゅう》の用事《ようじ》だ。なんだろう?

佐藤統括《さとうとうかつ》は携帯電話《けいたいでんわ》をつかむと、そっと会議室《かいぎしつ》を出《で》た。

「もしもし?」

すると受話器《じゅわき》から、あわてたようすの宮田《みやた》の声《こえ》がした。

『あの、ホホジロザメ、メスです。妊娠《にんしん》していました。ただ、いつもとちがっていて、おなかのなかに白《しろ》っぽい液体《えきたい》がいっぱいはいっていて、なんか、どろどろしたミルクみたいなにおいがするような、えっと、どろどろとした液体《えきたい》が……。』

かなりのあわてぶりだ。

宮田《みやた》の言葉《ことば》に、佐藤統括《さとうとうかつ》は考《かんが》えをめぐらせる。

「なんだろうね？　赤《あか》ちゃんのおなかが、やぶれたのかも。」

どろどろの液体《えきたい》は、母《はは》ザメが産《う》んだ、胎仔《たいじ》が食《た》べるための卵《たまご》ではないだろうか。胎仔《たいじ》が食《た》べたあと、消化《しょうか》する前《まえ》におなかがやぶれて出《で》てきたのではないかと考《かんが》えたのだ。

「よくわからないけれど、とりあえずぜんぶ保存《ほぞん》しておいて。」

そう伝《つた》えて、会議室《かいぎしつ》にもどる。

（どろどろの白《しろ》っぽい液体《えきたい》か……あれ？）

『ミルクみたいな、においがする。』

ふっと、宮田《みやた》の言葉《ことば》を思《おも》いだす。

（ミルク？）

もしかしてそれは、濃《こ》いミルクということはないのか？　でも、なぜミルクがそこにあるんだろう？　ホホジロザメは、卵《たまご》を食《た》べるはずだ。ミルクを飲《の》むなんてきいたことがない。だけど、ミルクだったら？

（ホホジロザメの母親《ははおや》は、子宮《しきゅう》のなかでミルクを出《だ》している。）

そんなこと！

思《おも》いついたら、もう、目《め》の前《まえ》でおこなわれている会議《かいぎ》の内容《ないよう》は、あたまにはいらなくなった。ミルクという言葉《ことば》が、ぐるぐるする。とんでもない考《かんが》えに、あたまの整理《せいり》がつかない。

また、携帯電話《けいたいでんわ》がふるえる。

佐藤統括《さとうとうかつ》は、すかさずつかんで小走《こばし》りに会議室《かいぎしつ》の外《そと》に出《で》る。

『いやあの、なんか、すごい小《ちい》さい赤《あか》ちゃんなんです。六匹《ぴき》。』

ホホジロザメの胎仔《たいじ》が生《う》まれるときは、全長《ぜんちょう》が百三十センチメートルくらいになっている。ところが、六匹《ぴき》の

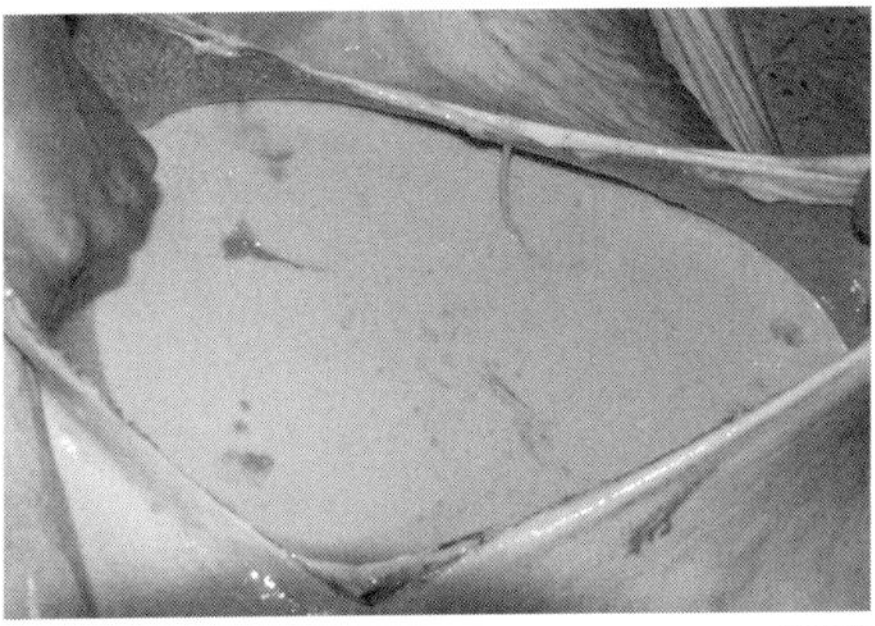

メスのホホジロザメのおなかにあった、乳白《にゅうはく》色《しょく》のどろどろした液体《えきたい》。

胎仔《たいじ》は五十〜六十センチメートルくらいだという。

そんなに小《ちい》さいホホジロザメの胎仔《たいじ》は、これまで見《み》つかった記録《きろく》がない。世界《せかい》ではじめて見《み》ることができた、妊娠《にんしん》してすぐの胎仔《たいじ》だ。

新《あたら》しい発見《はっけん》の予感《よかん》に、心臓《しんぞう》がどきどきしはじめた。

電話《でんわ》を切《き》ってしばらくすると、宮田《みやた》から、形《かたち》がよくわからないものの写真《しゃしん》が送《おく》られてきた。見《み》たこともない光景《こうけい》。白《しろ》い、ペンキのようにどろりとしたものが一面《いちめん》にひろがっている。

ひと目見《めみ》てわかった。これは、卵《たまご》じゃない。

じゃあ、なんだ？　ほんとうにミルクなのか？

会議室《かいぎしつ》にもどるけれど、腕《うで》を組《く》んで下《した》をむいたまま、そのことばかり考《かんが》えてしまう。

『電話《でんわ》してばかりだわ、もどってきたと思《おも》ったらずっとだまりこんでいるわ、なにやってんだ、佐藤《さとう》？』

会議《かいぎ》に出席《しゅっせき》している人《ひと》たちは、きっと、そう思《おも》っていたにちがいない。でも、佐藤統括《さとうとうかつ》は、会議《かいぎ》なんて、もうどうでもよくなっていた。

ふたたび、携帯電話《けいたいでんわ》をにぎって会議室《かいぎしつ》を出《で》る。

「宮田《みやた》さん、できるかぎり、ぜんぶ保存《ほぞん》しておいて！」

『はい、ぜんぶとっています！』

宮田《みやた》の力強《ちからづよ》い声《こえ》がした。


翌日《よくじつ》、東京《とうきょう》からもどった佐藤統括《さとうとうかつ》が水族館《すいぞくかん》にかけつけると、ほしいものがすべてすばらしい状態《じょうたい》で保存《ほぞん》されていた。

これまでよく、サメ研究者《けんきゅうしゃ》の仲間《なかま》たちと雑談《ざつだん》をしていた。

『今《いま》、これに興味《きょうみ》があるんだよね。』

『こういうものが、見《み》つかるといいなあ。』

そうやって話《はな》していたことで、仲間《なかま》はみんな、佐藤統括《さとうとうかつ》がやりたいことや、見《み》つけたいものをおぼえていてくれたのだ。

雑談《ざつだん》、だいじ。佐藤統括《さとうとうかつ》は、これまでの雑談《ざつだん》と仲間《なかま》たちに感謝《かんしゃ》した。

佐藤統括《さとうとうかつ》は、すごく小《ちい》さい赤《あか》ちゃんといわれていた胎仔《たいじ》を見《み》てびっくりした。

口《くち》がとんでもなく大《おお》きい。大《おお》きなあたまに、ほそく短《みじか》いからだがちょろりとついている。サメというより、ちょっとした怪獣《かいじゅう》みたいだ。

（妊娠《にんしん》してまもないころのホホジロザメの胎《たい》仔《じ》は、こんな形《かたち》をしていたのか。）

次《つぎ》に佐藤《さとう》統括《とうかつ》は、白《しろ》くどろどろの液体《えきたい》を見《み》た。この正体《しょうたい》をつきとめなければいけない。液体《えきたい》の量《りょう》は、百リットルをこえている。こんなに大量《たいりょう》に、いったいどこから出《で》てきたのか。

子宮《しきゅう》からは、母《はは》ザメが産《う》んだ、胎仔《たいじ》が食《た》べるための卵《たまご》も見《み》つかった。では、やはり卵《たまご》なのか？

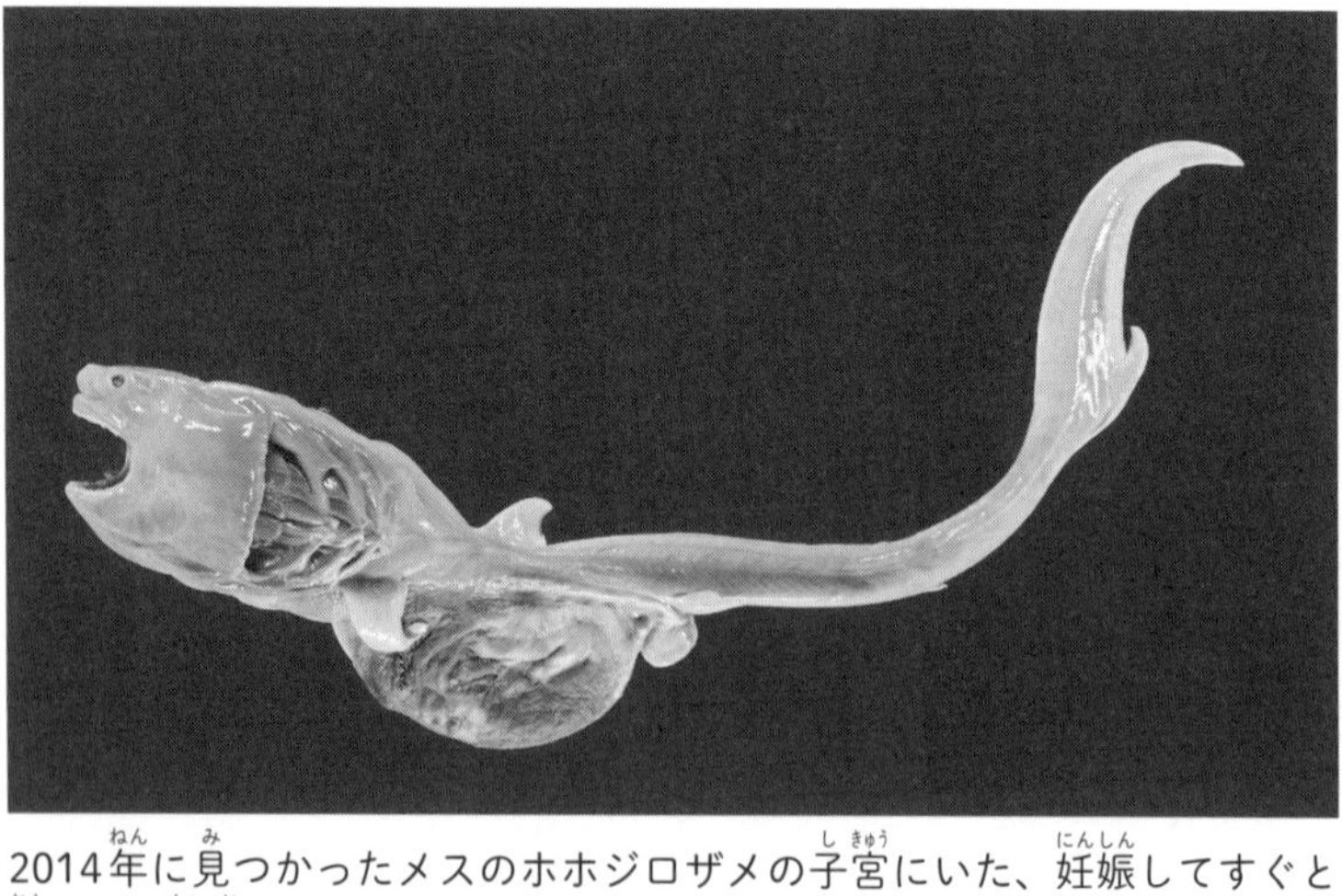

2014年《ねん》に見《み》つかったメスのホホジロザメの子宮《しきゅう》にいた、妊娠《にんしん》してすぐと思《おも》われる胎仔《たいじ》。

ところが、しらべてみると、卵《たまご》とはまったくちがう成分《せいぶん》であることがわかった。

母《はは》ザメの内臓《ないぞう》がやぶれたのかもしれないとしらべてみたが、内臓《ないぞう》のなにかともちがう。

白《しろ》い液体《えきたい》には、脂肪《しぼう》をふくんだ粒《つぶ》がたくさんあったのだ。

ということは、やはり。

母《はは》ザメの子宮《しきゅう》を見《み》る。内《うち》がわの表面《ひょうめん》をしらべると、白《しろ》い液体《えきたい》とおなじものがしみだしているではないか。

(子宮《しきゅう》の表面《ひょうめん》から、液体《えきたい》を出《だ》す……。)

では、なんのために？　考《かんが》えられることは、一つしかない。

胎仔《たいじ》に、飲《の》んでもらうためのミルクだ。

(いやいや、ちょっとまて。)

佐藤統括《さとうとうかつ》は冷静《れいせい》になって、最初《さいしょ》から一つずつ考《かんが》える。

ホホジロザメの胎仔《たいじ》は、自分《じぶん》のおなかについている袋《ふくろ》の栄養《えいよう》を吸収《きゅうしゅう》したら、卵《たまご》を食《た》べて成長《せいちょう》する。これまで長《なが》いあいだ研究《けんきゅう》をしてきて、世界中《せかいじゅう》のサメ研究者《けんきゅうしゃ》はそう考《かんが》えてきたではないか。

今回《こんかい》、見《み》つかった小《ちい》さな怪獣《かいじゅう》のような胎仔《たいじ》には、歯《は》がはえている。ちょっととがった、カマみたいな形《かたち》。成長《せいちょう》したホホジロザメの、人間《にんげん》さえ食《く》い殺《ころ》してしまう三角形《さんかくけい》の歯《は》とはまったくちがう形《かたち》。このカマのような歯《は》で、卵《たまご》のカラをやぶって食《た》べるのだろう。子宮《しきゅう》のなかからは、食《た》べたあとだと思《おも》われる中身《なかみ》のない卵《たまご》のカラも見《み》つかっている。

けれど、この大量《たいりょう》の白《しろ》い液体《えきたい》。

なんど考《かんが》えても、胎仔《たいじ》が飲《の》むミルクとしか考《かんが》えられない。

たしかに、子宮《しきゅう》のなかにミルクを出《だ》すサメはほかにもいる。サメというか、サメの仲間《なかま》であるマンタだ。マンタの胎仔《たいじ》は、母《はは》マンタの子宮《しきゅう》のなかでミルクを飲《の》んで成長《せいちょう》するのである。

（もしかして、ホホジロザメもそうなのか？）

赤《あか》ちゃんのおなかをしらべてみる。

胃《い》のなかに残《のこ》っているものが、おなじ液体《えきたい》ならあたりだ。しかし、残念《ざんねん》なことに、赤《あか》ちゃんのおなかは、六匹《ぴき》ともちょっとずつやぶれていて、白《しろ》い液体《えきたい》まみれになっている。

胃《い》のなかにあったのか、やぶれたところからはいりこんだのかは、わからなかった。

ただ、目《め》の前《まえ》にある状況《じょうきょう》をまとめると、白《しろ》い液体《えきたい》がミルクであることは、ほぼまちがいない。

『ホホジロザメの胎仔《たいじ》は、自分《じぶん》のおなかについている袋《ふくろ》の栄養《えいよう》と、卵《たまご》のほかに、ミルクを飲《の》んで成長《せいちょう》している。』

世紀《せいき》の大発見《だいはっけん》である。この事実《じじつ》を、世界中《せかいじゅう》のサメ研究者《けんきゅうしゃ》たちに伝《つた》えなければならない。

サメのなぞをときあかすことは、一人《ひとり》ではできない。世界中《せかいじゅう》のサメ研究者《けんきゅうしゃ》の一人《ひとり》ひとりが発見《はっけん》した小《ちい》さな事実《じじつ》をつなぎあわせるようにして、少《すこ》しずつときあかしていくのだ。

しかし、世界《せかい》に伝《つた》えるためには論文《ろんぶん》を書《か》いて、有名《ゆうめい》な科学雑誌《かがくざっし》か、専門家《せんもんか》があつまる学会《がっかい》で発表《はっぴょう》するための権利《けんり》を勝《か》ちとる必要《ひつよう》がある。

この権利《けんり》をとることがむずかしい。

なにせ目《め》の前《まえ》にいる、この一匹《ぴき》の母《はは》ザメしか例《れい》がないのだ。

『たまたま、この一匹《ぴき》が特別《とくべつ》だっただけ。』

そういわれて、相手《あいて》にしてもらえない。例《れい》が一つだけでは、みとめられないのが研究者《けんきゅうしゃ》の常識《じょうしき》なのである。

でも、これは事実《じじつ》だ。

この一匹《ぴき》の事実《じじつ》を、どうしたらみとめてもらえるのだろう。


ホホジロザメは、子宮《しきゅう》のなかにミルクを出《だ》して胎仔《たいじ》を育《そだ》てている。

佐藤統括《さとうとうかつ》たちは、このことを証明《しょうめい》するための研究《けんきゅう》をはじめた。

研究《けんきゅう》がはじまって、二年《ねん》がたとうとしていた二〇一六年《ねん》。ふたたび読谷漁港《よみたんぎょこう》で、ホホジロザメのメスが定置網《ていちあみ》にかかり死《し》んでいると連絡《れんらく》があった。

かけつけた佐藤統括《さとうとうかつ》がしらべると、メスは妊娠《にんしん》していて、全長《ぜんちょう》が百センチメートルほどに成長《せいちょう》した胎仔《たいじ》がはいっていた。二〇一四年《ねん》の、あの白《しろ》い液体《えきたい》を発見《はっけん》したときよりも、さらに育《そだ》った胎仔《たいじ》である。

佐藤統括《さとうとうかつ》は子宮《しきゅう》を見《み》て、ふたたびおどろいた。

「子宮《しきゅう》の内《うち》がわの表面《ひょうめん》が、二年前《ねんまえ》のものとぜんぜんちがう。」

「ミルク、出《だ》していないですね。」

いっしょにきていたサメ研究者《けんきゅうしゃ》の宮田《みやた》も、びっくりしている。

しかも、表面《ひょうめん》にはこれまで見《み》たことがない、でこぼことこまかい凹凸《おうとつ》ができている。

（どうして、こんなに凹凸《おうとつ》があるんだろう。）

水族館《すいぞくかん》にもどり、顕微鏡《けんびきょう》でよく見《み》てみると、子宮《しきゅう》の表面《ひょうめん》にうきでるように細《ほそ》い血管《けっかん》がびっしりとはりめぐらされている。

血液《けつえき》は、酸素《さんそ》をはこぶ。

つまりそれは、胎仔《たいじ》が呼吸《こきゅう》をするための酸素《さんそ》と関係《かんけい》があるのではないか。

子宮《しきゅう》のなかで、胎仔《たいじ》が生《い》きるための酸素《さんそ》はどうしているのか、ずっと長《なが》いあいだなぞだった。ホホジロザメの子宮《しきゅう》の大《おお》きさでは、小《ちい》さな胎仔《たいじ》ならともかく、生《う》まれる直前《ちょくぜん》の、全長《ぜんちょう》が百三十センチメートルに育《そだ》った胎仔《たいじ》に必要《ひつよう》な酸素《さんそ》の量《りょう》は作《つく》れないからだ。

しかし、この凹凸《おうとつ》のある表面《ひょうめん》。凹凸《おうとつ》があるぶん、表面積《ひょうめんせき》はふえる。作《つく》りだす酸素《さんそ》の量《りょう》もふえるはずだ。

サメ研究者《けんきゅうしゃ》の冨永《とみなが》が、凹凸《おうとつ》のある子宮《しきゅう》の表面積《ひょうめんせき》はどのくらいになるのか、こんきよく計《けい》算《さん》していく。すると、全長《ぜんちょう》百センチメートル以上《いじょう》の胎仔《たいじ》にも、必要《ひつよう》なだけの酸素《さんそ》が作《つく》れることがわかった。

『ホホジロザメの胎仔《たいじ》は、自分《じぶん》のおなかにある袋《ふくろ》の栄養《えいよう》を吸収《きゅうしゅう》したあと、子宮《しきゅう》ミルクを飲《の》み、母《はは》ザメが産《う》んだ卵《たまご》を食《た》べて成長《せいちょう》していく。』

『ホホジロザメの母《はは》ザメの子宮《しきゅう》は、胎仔《たいじ》の成長《せいちょう》にあわせて、ミルクを出《だ》したり、酸素《さんそ》を出《だ》したりと劇的《げきてき》に変化《へんか》する。』

これしか、考《かんが》えられない。

佐藤統括《さとうとうかつ》たちは、論文《ろんぶん》にまとめた。論文《ろんぶん》は、だれもがインターネット上《じょう》で、無料《むりょう》で読《よ》むことができるイギリスの人気科学雑誌《にんきかがくざっし》『バイオロジーオープン』にみとめられ、世界《せかい》にむけて発表《はっぴょう》された。

インターネット上《じょう》に公開《こうかい》されると、佐藤統括《さとうとうかつ》たちがあわてるほどの、とんでもない反響《はんきょう》があった。サメの研究《けんきゅう》は、どちらかというと地味《じみ》で、あまり多《おお》くの人《ひと》に注目《ちゅうもく》されることがない。だというのにこの雑誌《ざっし》の、その年《とし》いちばん読《よ》まれた論文《ろんぶん》になった。

美《ちゅ》ら海水族館《うみすいぞくかん》が、日本《にっぽん》のほかの水族館《すいぞくかん》とちがうところは、二十四時間《じかん》三百六十五日《にち》、沖《おき》縄《なわ》の海《うみ》ならいつでもかけつけられることだ。

漁業関係者《ぎょぎょうかんけいしゃ》とのつながり。はこぶためのトラックやクレーン車《しゃ》などを、すぐに手配《てはい》できる機動力《きどうりょく》。そして、好奇心《こうきしん》いっぱいのサメ研究者《けんきゅうしゃ》たち。大切《たいせつ》なこの三つが、そろっているのである。

メスのホホジロザメが、本州《ほんしゅう》や北海道《ほっかいどう》などではなく、沖縄《おきなわ》の、しかも美《ちゅ》ら海水族館《うみすいぞくかん》から近《ちか》い読谷漁港《よみたんぎょこう》の定置網《ていちあみ》にかかったことは、ほんとうに幸運《こううん》なことだ。

でも、幸運《こううん》は、いつでもつかめる準備《じゅんび》をしていないとつかめない。

チャンスをつかむための努力《どりょく》。

それをしっかりとつづけていれば、サメのなぞもきっと、いつかときあかせる日《ひ》がくると信《しん》じている。

第《だい》8章《しょう》

マナティー

赤《あか》ちゃん誕生《たんじょう》

二〇二一年《ねん》六月《がつ》十六日《にち》。

いつもより早《はや》く水族館《すいぞくかん》にやってきた飼育員《しいくいん》の眞鍋正美《まなべまさみ》は、海獣課《かいじゅうか》の事務所《じむしょ》にある自分《じぶん》の席《せき》に行《い》く前《まえ》にマナティー館《かん》にむかった。

メスのマヤのおなかには、赤《あか》ちゃんがいる。

そろそろ、生《う》まれるころだ。

マナティー館《かん》の手前《てまえ》にあるスロープをおりていき、地下《ちか》になったところに、マナティーたちのいるプールが横《よこ》から見《み》られる水中観察室《すいちゅうかんさつしつ》がある。

スロープをおりる前《まえ》に、入《い》り口《ぐち》からなかをちらっと見《み》ると、プールの水面《すいめん》が、いつもとちがうことに気《き》がついた。ばしゃ、ばしゃと、波《なみ》だっているのだ。

（まさか？）

あわててスロープをかけおりる。

目《め》の前《まえ》のプールに、赤《あか》ちゃんがいた。

「生《う》まれている！　呼吸《こきゅう》はできている？　ちゃんと泳《およ》げている？」

赤《あか》ちゃんは、眞鍋《まなべ》が見守《みまも》るなか、水面《すいめん》まで泳《およ》ぎ、呼吸《こきゅう》もじょうずにやってみせた。

しかし、ほっとしている時間《じかん》はない。携帯電話《けいたいでんわ》をとりだす。海獣課《かいじゅうか》には、もうだれかきているはずだ。早《はや》く知《し》らせなければ！

そんなときだというのに、携帯電話《けいたいでんわ》がつながらない。マナティー館《かん》のあたりは、電波《でんぱ》がとどきにくいのだ。眞鍋《まなべ》は、三百メートルほどはなれた海獣課《かいじゅうか》の事務所《じむしょ》にむかって走《はし》りだした。

とちゅうで、イルカ担当《たんとう》の飼育員《しいくいん》とすれちがう。

「生《う》まれている！　河津課長《かわづかちょう》たちに連絡《れんらく》をおねがい！」

眞鍋《まなべ》は、そうたのむと、自分《じぶん》の席《せき》のそばにある小《ちい》さなビデオカメラをつかむ。そして、マナティー館《かん》にむかって、ふたたび全速力《ぜんそくりょく》で走《はし》りはじめた。

赤《あか》ちゃんは、体長《たいちょう》が百二十三センチメートル、体重《たいじゅう》が三十四キログラムのオスだった。

マナティーはジュゴンと、まちがえられやすい。見分《みわ》けるポイントは、尾《お》びれの形《かたち》。マナティーは、うちわのようにまるいけれど、ジュゴンは、イルカのような三日月形《みかづきがた》をしている。

美《ちゅ》ら海水族館《うみすいぞくかん》にいるオスのリュウと、メスのマヤは、一九九七年《ねん》にメキシコ政府《せいふ》からおくられたものだ。そして、二〇〇一年《ねん》十月《がつ》にマヤが産《う》んだメスのユマは、日本《にっぽん》の水族館《すいぞくかん》で生《う》まれたマナティーとして、毎日《まいにち》、最長飼育記録《さいちょうしいくきろく》をのばしている。

ふだんはオスのリュウだけ、べつのプールにいるのだが、ときどきタイミングをみて三頭《とう》をいっしょにしている。リュウとマヤが、赤《あか》ちゃんを作《つく》るためだ。

二〇二〇年《ねん》五月《がつ》、三頭《とう》をおなじプールで生活《せいかつ》させていると、リュウがマヤに近《ちか》づいてアピールをはじめた。マヤも、まんざらではないようすだ。

「いいかんじ。」

「妊娠《にんしん》しているといいね。」

妊娠《にんしん》してしばらくすると、血液《けつえき》や便《べん》のなかにプロゲステロンという成分《せいぶん》がふえてくる。リュウとマヤをいっしょにしたときから三か月《げつ》がすぎたころ、植田獣医師《うえだじゅういし》はマヤの血液《けつえき》をしらべてみた。

プロゲステロンが、ふえている。

「数値《すうち》が高《たか》いね。」

「妊娠《にんしん》しているかもしれませんね。」

植田獣医師《うえだじゅういし》と島本獣医師《しまもとじゅういし》が、うなずきあっている。

ひと月《つき》ほどあけて、ふたたび、さらにもういちど血液《けつえき》をしらべてみても、プロゲステロンは、ずっとふえたままだ。妊娠《にんしん》の期待《きたい》が、いよいよ高《たか》まってきた。

「エコー検査《けんさ》をして、たしかめよう。」


マナティーはイルカとちがい、検査《けんさ》に協力《きょうりょく》してもらうためのハズバンダリー・トレーニングがやりにくい。体重《たいじゅう》をはかるときや、血液検査《けつえきけんさ》をするとき、そして、エコー検査《けんさ》をするときもプールの水《みず》をぬいておこなう。

十一月《がつ》。ヘルメットをかぶり、ウェットスーツに着《き》がえた植田獣医師《うえだじゅういし》がはしごをおりて、水《みず》が少《すく》なくなったプールのなかを、ざぶざぶと歩《ある》いていく。

島本獣医師《しまもとじゅういし》は、胴長《どうなが》を着《き》ている。胴長《どうなが》とは、胸《むね》のあたりまである長《なが》い長靴《ながぐつ》のこと。ぬれずに水《みず》のなかを歩《ある》くことができる。

マナティーを担当《たんとう》する飼育員《しいくいん》の眞鍋《まなべ》と、深川祥悟《ふかがわしょうご》もウェットスーツに着《き》がえてマヤのそばについた。マヤは、息《いき》ができるように顔《かお》のあたりを水《みず》から出《だ》し、おなかのあたりがくりぬかれた担架《たんか》にのせられている。イルカを担当《たんとう》している飼育員《しいくいん》たちも、あつまってくれている。

島本獣医師《しまもとじゅういし》が、水《みず》のなかにかがみこむようにして、エコー検査機《けんさき》からのびているマイクのような器械《きかい》をマヤのおなかの横《よこ》からあてた。ディスプレイにうつしだされる画像《がぞう》を見《み》ながら、あてる場所《ばしょ》や角度《かくど》を変《か》えてみる。けれど、画面《がめん》に出《で》てくるのは、ぶあつい脂肪《しぼう》や筋肉《きんにく》ばかりだ。

「やはり、横《よこ》からじゃだめか。へその下《した》あたりにあててみて。」

植田獣医師《うえだじゅういし》が、ディスプレイを見《み》ながら島本獣医師《しまもとじゅういし》にいっている。

マヤのへその下《した》まで手《て》をのばすため、島本獣医師《しまもとじゅういし》は、そうっとひざをついた。水面《すいめん》はちょうど腰《こし》のあたりだ。

ところが手《て》をのばしても、へそまで器械《きかい》がとどかない。

（やっぱり、マナティーは大《おお》きい。オキゴンドウならとどくのに。）

オキゴンドウは、輪切《わぎ》りにするとまんまるに近《ちか》い。ところが、おなじくらいの体重《たいじゅう》でも、マナティーは、つぶれた大福《だいふく》のように横《よこ》にひろがっているので、横《よこ》からでは手《て》がとどかないのだ。

もっと身《み》をかがめれば、とどくかもしれない。でも、胴長《どうなが》の胸元《むなもと》から水《みず》がはいりそうになる。まわりの飼育員《しいくいん》たちは、早《はや》くエコー検査《けんさ》の結果《けっか》が知《し》りたくてうずうずしている。

「胎仔《たいじ》、見《み》えました？」

「どのくらいの大《おお》きさ？」

そんなときに、手《て》がとどきませんとは、とてもじゃないけれどいえない。すると、島本《しまもと》獣医師《じゅういし》のとなりにいた飼育員《しいくいん》が動《うご》いた。水面《すいめん》が小《ちい》さく、波《なみ》のように上下《じょうげ》する。

ちゃぷん。胴長《どうなが》のなかに水《みず》がはいる。ユニフォームのポロシャツがあっというまにぬれて、からだにはりつく。

（もう、いっか！）

島本獣医師《しまもとじゅういし》は、覚悟《かくご》をきめて水《みず》のなかに身《み》をしずめた。胴長《どうなが》の胸元《むなもと》から、ざーっと海水《かいすい》がはいってくる。顔《かお》は水面《すいめん》すれすれだ。そのとたん目《め》の前《まえ》に、マナティーの便《べん》がぷかぷかとただよってきた。

（！）

島本獣医師《しまもとじゅういし》が、へそのあたりにしっかりとあてた器械《きかい》から、画像《がぞう》がうつしだされた。それを見《み》た植田獣医師《うえだじゅういし》が、大《おお》きな声《こえ》を出《だ》した。

「ああ、いるね。」

マヤの子宮《しきゅう》のなかに、胎仔《たいじ》の肋骨《ろっこつ》がはっきりと見《み》えている。

「ほらここ。」

「いた～！」

眞鍋《まなべ》や深川《ふかがわ》、まわりにいる飼育員《しいくいん》たちの、よろこぶ声《こえ》がきこえる。

検査《けんさ》をおえた島本獣医師《しまもとじゅういし》が立《た》ちあがると、プールのなかは笑顔《えがお》であふれていた。

エコー検査《けんさ》で、胎仔《たいじ》がいることがわかってから四か月《げつ》。春《はる》になった。

マヤのおなかが、大《おお》きくなってきた。

これまで、日本《にっぽん》の水族館《すいぞくかん》でマナティーの出産《しゅっさん》が成功《せいこう》したのは、美《ちゅ》ら海水族館《うみすいぞくかん》の二例《れい》だけだ。

プールの水《みず》をぬいておこなうマナティーのエコー検査《けんさ》。

一例目《れいめ》は、三十年以上前《ねんいじょうまえ》。母《はは》マナティーは赤《あか》ちゃんを育《そだ》てず、飼育員《しいくいん》たちが人工《じんこう》ミルクで育《そだ》てた。

二例目《れいめ》は、マヤがユマを産《う》んだとき。このときはマヤが、母乳《ぼにゅう》で育《そだ》てた。今回《こんかい》、マヤにとっては二度目《どめ》の出産《しゅっさん》になるけれど、生《う》まれてくる赤《あか》ちゃんを育《そだ》てるとはかぎらない。

人工《じんこう》ミルクの準備《じゅんび》がはじまった。水族館《すいぞくかん》には、三十年以上前《ねんいじょうまえ》の最初《さいしょ》の赤《あか》ちゃんのときの記録《きろく》はあるけれど、そのころよりいい人工《じんこう》ミルクがあるはずだ。

眞鍋《まなべ》は、人工《じんこう》ミルクで草食動物《そうしょくどうぶつ》の赤《あか》ちゃんを育《そだ》てたことがある、日本《にっぽん》の水族館《すいぞくかん》や動物園《どうぶつえん》に連絡《れんらく》をする。さらに、『沖縄《おきなわ》こどもの国《くに》』に連絡《れんらく》して、ウシやヤギの赤《あか》ちゃんになにを飲《の》ませているのかきいていく。

深川《ふかがわ》は、得意《とくい》の英語《えいご》で海外《かいがい》の大学《だいがく》に連絡《れんらく》をし、赤《あか》ちゃんの人工《じんこう》ミルクだけでなく、出産《しゅっさん》をひかえたマヤに、どんな餌《えさ》をどのくらいあたえたらいいのかも教《おし》えてもらった。マナティーの出産《しゅっさん》について書《か》かれている英語《えいご》の論文《ろんぶん》も、できるかぎりあつめて読《よ》んでいく。すると、アメリカの水族館《すいぞくかん》がインターネット上《じょう》に、人工《じんこう》ミルクのレシピを公開《こうかい》しているのを見《み》つけた。

（あった。これなら！）

ところが、レシピにある材料《ざいりょう》は、アメリカからとりよせられないという。そのとき世界《せかい》は、新型《しんがた》コロナウイルス感染症《かんせんしょう》で大変《たいへん》なことになっていた。人《ひと》が国《くに》を行《い》き来《き》することはもちろん、物《もの》のやりとりでウイルスがはこばれることを心配《しんぱい》していたのだ。

こうなったら、日本《にっぽん》にある材料《ざいりょう》で作《つく》るしかない。

マナティーの人工《じんこう》ミルクには、一つ、ぜったいに入《い》れてはいけないものがある。乳糖《にゅうとう》とよばれる糖《とう》だ。マナティーは乳糖《にゅうとう》を消化《しょうか》できないので、おなかをこわしてしまう。牛乳《ぎゅうにゅう》にもふくまれているので牛乳《ぎゅうにゅう》はもちろん、牛乳《ぎゅうにゅう》から作《つく》られた粉《こな》ミルクも使《つか》えない。

大豆《だいず》から作《つく》られた粉《こな》ミルクを使《つか》うことにして、アメリカの水族館《すいぞくかん》の人工《じんこう》ミルクとおなじ成分《せいぶん》になるようにレシピを考《かんが》える。

草食動物《そうしょくどうぶつ》のマナティーのために、入《い》れるものはすべて植物《しょくぶつ》から作《つく》られているもの。必要《ひつよう》なカロリーは、アメリカの水族館《すいぞくかん》のレシピにあるパームオイルや、マカダミアナッツオイルにした。

四月《がつ》になると、マヤのおなかが、さらに大《おお》きくなってきた。そろそろ、ほ乳瓶《にゅうびん》も用意《ようい》しなければならない。

「一回《かい》に、どのくらいあげればいいんでしょうね。人間用《にんげんよう》だと、小《ちい》さすぎますよね。」

眞鍋《まなべ》は、動物健康管理室《どうぶつけんこうかんりしつ》、海獣《かいじゅう》の検査担当《けんさたんとう》である小畑万智子《おばたまちこ》に相談《そうだん》した。小畑《おばた》は、少《すこ》し前《まえ》に赤《あか》ちゃんを産《う》んで、仕事《しごと》にもどったばかりだ。自分《じぶん》の経験《けいけん》もいかしながら考《かんが》えていく。

「人間《にんげん》の赤《あか》ちゃんは、だいたい三キログラムですからね。」

「マナティーの赤《あか》ちゃんは、三十キログラムくらいです。」

「十倍《ばい》、ということは、仔牛用《こうしよう》のほ乳瓶《にゅうびん》くらい大《おお》きくないとだめかも。」

ほ乳瓶《にゅうびん》は、ウシ用《よう》とヤギ用《よう》をそろえておくことにした。

マナティーの妊娠期間《にんしんきかん》は、十二か月《げつ》から、十六か月《げつ》といわれている。

リュウとマヤをいっしょにしたときから、ちょうど一年《ねん》がたった五月《がつ》、マヤの生殖孔《せいしょくこう》（赤《あか》ちゃんが出《で》てくるところ）が、ぷくっとふくらんできた。出産《しゅっさん》まであと一か月《げつ》くらいだ。

眞鍋《まなべ》たちは、マヤの動《うご》きを注意《ちゅうい》ぶかく見守《みまも》った。

マナティーは、水面《すいめん》にうく浮《う》き草《くさ》を食《た》べるので、プールにキャベツやレタスなどをうかべている。さらに、海《うみ》の底《そこ》にはえている海《かい》そうも食《た》べるため、おもりをつけて餌《えさ》を水中《すいちゅう》にしずめることもある。

マヤは、だんだん水面《すいめん》まで餌《えさ》をとりにこず、プールの底《そこ》のほうで、飼育員《しいくいん》が餌《えさ》をしずめるまでじっとまつことが多《おお》くなってきた。

さらに、むすめのユマが、母親《ははおや》のマヤのそばで泳《およ》ぎはじめた。ユマは母親《ははおや》のそばで、ピューイ、ピューイと高《たか》い声《こえ》で鳴《な》いている。

母親《ははおや》のからだの変化《へんか》を、感《かん》じているのかもしれない。

飼育員《しいくいん》は、いつ生《う》まれてもいいように二十四時間《じかん》ずっと録画《ろくが》することにした。

『出産直後《しゅっさんちょくご》の赤《あか》ちゃんは、うまく泳《およ》げないから、プールの水位《すいい》を下《さ》げておく。』

『なにかあったらプールにはいって、赤《あか》ちゃんを助《たす》けられるようにスタンバイしておく。』

出産《しゅっさん》にそなえた準備《じゅんび》がはじまった。

約《やく》二十年《ねん》ぶりのマナティーの出産《しゅっさん》で、動物健康管理室《どうぶつけんこうかんりしつ》のスタッフも飼育員《しいくいん》も大忙《おおいそが》しだ。

ところがこのとき、大忙《おおいそが》しの理由《りゆう》はマナティーの出産《しゅっさん》だけではなかった。

イルカプールでは、オキゴンドウのもも、出産《しゅっさん》がせまっていた。

さらに、水族館《すいぞくかん》で十三年《ねん》以上《いじょう》、元気《げんき》にすごしていたジンベエザメのメスが、急《きゅう》に弱《よわ》ってきたのだ。水族館《すいぞくかん》にくる前《まえ》になにかにぶつかったらしく、あごのあたりが曲《ま》がっていたのだが、このところ口《くち》がひらきにくくなり、餌《えさ》を食《た》べなくなっていた。オスのジンベエザメ、ジンタとのあいだに、赤《あか》ちゃんができるのではないかと世界中《せかいじゅう》から期待《きたい》されているメスだ。

しかも、日本中《にっぽんじゅう》で、新型《しんがた》コロナウイルス感染症《かんせんしょう》による緊急事態宣言《きんきゅうじたいせんげん》が出《だ》されていた。美《ちゅ》ら海水族館《うみすいぞくかん》も休館《きゅうかん》になった。しかし、観客《かんきゃく》はこなくても、餌《えさ》やりやそうじは毎日《まいにち》、今《いま》までどおりしなくてはいけない。感染《かんせん》をおさえるため、動物健康管理室《どうぶつけんこうかんりしつ》のスタッフも飼育《しいく》員《いん》も、少《すく》ない人数《にんずう》で、今《いま》までとおなじ仕事《しごと》を、いや、それ以上《いじょう》をやっていたのだ。

そんななか、マナティーの赤《あか》ちゃんは生《う》まれてきた。

生《う》まれた瞬間《しゅんかん》を確認《かくにん》するために、すぐにビデオカメラの映像《えいぞう》を見《み》ると、夜中《よなか》の三時《じ》すぎにマヤの動《うご》きが変《か》わっていた。出産《しゅっさん》がはじまったようだ。

朝《あさ》になり、赤《あか》ちゃんの尾《お》びれが出《で》てきた。マヤが泳《およ》ぎながら、くるりっとからだをまわす。そのとたん、ちゅるんと赤《あか》ちゃんが出《で》てきた。七時《じ》三十三分《ぷん》だった。

眞鍋《まなべ》が見《み》たのは、まさに、生《う》まれてすぐというタイミングである。

さらに、映像《えいぞう》を見《み》る。すると、すぐにあることに気《き》づく。母乳《ぼにゅう》を飲《の》んでいないのだ。

生《う》まれたあとは、飼育員《しいくいん》がずっと見《み》ている。けれど、飲《の》んだようすはない。何時間《なんじかん》たっても、赤《あか》ちゃんはマヤの乳首《ちくび》をくわえられないでいた。

「まだ、いちども飲《の》めていない。」

このままでは、赤《あか》ちゃんが死《し》んでしまう。

『赤《あか》ちゃんが、母乳《ぼにゅう》を飲《の》む瞬間《しゅんかん》を見《み》のがすな。』

マナティーの飼育員《しいくいん》だけでなく、イルカを担当《たんとう》する飼育員《しいくいん》たちもくわわって、二十四時《じ》間《かん》の見守《みまも》りがはじまった。

マヤが安心《あんしん》できるよう、地下《ちか》の水中観察室《すいちゅうかんさつしつ》の照明《しょうめい》を暗《くら》くする。飼育員《しいくいん》たちは、マヤから見《み》えないように、できるだけうしろに下《さ》がったところで息《いき》をひそめた。

マナティーのおっぱいは、前《まえ》あしのつけねあたりにある。

飼育員《しいくいん》が見守《みまも》るなか、母親《ははおや》のマヤは、『ここよ。きなさい！』というかのように、前《まえ》あしをあげてみせる。

「いけっ、今《いま》だ！」

「がんばれ、がんばれ！」

マヤと赤《あか》ちゃんを刺激《しげき》しないよう、大《おお》きな声《こえ》を出《だ》すことは禁止《きんし》。飼育員《しいくいん》たちは、ささやくような声《こえ》に力《ちから》をこめる。でも、赤《あか》ちゃんは、うまく乳首《ちくび》をくわえられない。

「ダメかぁ……。」

生《う》まれた次《つぎ》の日《ひ》の朝《あさ》になった。

飼育員《しいくいん》たちがひと晩中《ばんじゅう》、交代《こうたい》で見《み》ていたけれど母乳《ぼにゅう》はまだ飲《の》めていない。

人工《じんこう》ミルクの準備《じゅんび》はできている。いつでも切《き》りかえられる。でも、赤《あか》ちゃんには、マヤの初乳《しょにゅう》を飲《の》んでほしいのだ。

人間《にんげん》やキリンなど、ほ乳類《にゅうるい》のお母《かあ》さんのおっぱいから、最初《さいしょ》に出《で》てくる初乳《しょにゅう》には、かぜをひきにくくするなどの特別《とくべつ》な成分《せいぶん》がふくまれている。マナティーも、おなじほ乳類《にゅうるい》なのでそうではないかといわれている。

それにやはり、マヤに育《そだ》てさせたい。母子《ぼし》は、いっしょのほうがいいのだ。人工《じんこう》ミルクに切《き》りかえることは、マヤのもとから赤《あか》ちゃんをはなすことになる。

では、いつまでまつことができるのか。判断《はんだん》がおくれれば、赤《あか》ちゃんが死《し》んでしまう。

その日《ひ》の午後《ごご》、眞鍋《まなべ》は植田獣医師《うえだじゅういし》にうったえた。

「赤《あか》ちゃんは、なんどもマヤの乳首《ちくび》にむかおうとしています。やる気《き》はあるんです。だから、ぎりぎりまでまってあげたいです。」

眞鍋《まなべ》がつづける。

「それに、二十年前《ねんまえ》にマヤがユマを産《う》んだときも、まる一日以上《にちいじょう》、飲《の》めなかったんです。海外《かいがい》の水族館《すいぞくかん》でも、三日間《みっかかん》まった例《れい》があります。」

ユマがはじめて飲《の》めたのは、生《う》まれてから二十八時間後《じかんご》だった。

植田獣医師《うえだじゅういし》は眞鍋《まなべ》の考《かんが》えをうけいれ、今日《きょう》から三日間《みっかかん》、まつことにした。

ただ、そのやりとりをきいていた動物看護師《どうぶつかんごし》の中谷《なかたに》は、不安《ふあん》だった。

（イルカなら、生《う》まれたらすぐにお乳《ちち》を飲《の》みに行《い》くのに。）

美《ちゅ》ら海水族館《うみすいぞくかん》のイルカたちは、子育《こそだ》てじょうずだ。今《いま》までいちども、人工《じんこう》ミルクを使《つか》ったことがない。赤《あか》ちゃんは、生《う》まれたらすぐに元気《げんき》に泳《およ》ぎはじめ、母《はは》イルカのおっぱいを探《さが》しあてて飲《の》みはじめる。

小《ちい》さな赤《あか》ちゃんにとって、三日間《みっかかん》なんてとんでもない長《なが》さだ。けれどそれは、人間《にんげん》をもとにした考《かんが》えかただ。動物《どうぶつ》たちは、人間《にんげん》とはちがう能力《のうりょく》をもっている。動物健康管理室《どうぶつけんこうかんりしつ》は、しっかり対応《たいおう》できるよう準備《じゅんび》を進《すす》めるしかない。

赤《あか》ちゃんが飲《の》めないまま、一日目《にちめ》がおわった。

二日目《ふつかめ》。運《うん》の悪《わる》いことに、沖縄《おきなわ》では天気《てんき》の悪《わる》い日《ひ》がつづいていた。マヤの苦手《にがて》な雷《かみなり》が鳴《な》りひびき、停電《ていでん》のためにプールの水《みず》が、いつもとはちがうところから出《で》てくる。

マヤは、おちつかないようすだ。

(よりによって、こんなときに。)

できるだけ、マヤが安心《あんしん》できるようにしたい。

深川《ふかがわ》は、これまでしらべてきたことをもとに、プールの水温《すいおん》を変《か》えることを提案《ていあん》する。

「少《すこ》しだけ、上《あ》げてみましょう。それと、夜《よる》は水中観察室《すいちゅうかんさつしつ》の電気《でんき》を消《け》して、真《ま》っ暗《くら》にしたほうがいいかもしれません。」

「プールの水《みず》も、もう少《すこ》し、浅《あさ》くしませんか。」

眞鍋《まなべ》も、気《き》づいた点《てん》を伝《つた》える。プールの水《みず》が少《すく》なければ、マヤと赤《あか》ちゃんの距離《きょり》が近《ちか》くなり、おっぱいをくわえるタイミングがあわせやすくなる。すでに少《すく》なくしてあるけれど、もう少《すこ》しへらしたほうがいいと思《おも》ったのだ。

いいと思《おも》ったことは、すべてやってみた。

しかし、この日《ひ》も飲《の》めなかった。

いよいよ、三日目《みっかめ》の朝《あさ》になった。赤《あか》ちゃんに、弱《よわ》っているようすはない。

「おねがい、飲《の》んで。」

飼育員《しいくいん》たちが見守《みまも》るなか、じりじりとした時間《じかん》が流《なが》れる。

そして夕方《ゆうがた》、十八時半《じはん》ごろ。赤《あか》ちゃんが、前《まえ》あしをあげるマヤに近《ちか》づいていく。

「そうだ、いけっ。」

「あ……。」

「飲《の》んだ！」

飼育員《しいくいん》たちが見守《みまも》る前《まえ》で、ついに赤《あか》ちゃんは初乳《しょにゅう》を飲《の》んだ。コツをつかんだのか赤《あか》ちゃんは、それからもマヤのそばに行《い》って母乳《ぼにゅう》を飲《の》むようになっていく。動物健康管理室《どうぶつけんこうかんりしつ》の小畑《おばた》は、プールのなかが見《み》られる水中観察室《すいちゅうかんさつしつ》で二頭《とう》がいっしょに泳《およ》ぐようすを見《み》つめていた。

ぶじに生《う》まれてきてくれたこと。そして、母親《ははおや》のマヤも、赤《あか》ちゃんも、そろって元気《げんき》にすごしているすがたを見《み》ているうちに自然《しぜん》と涙《なみだ》がこぼれてきた。

マヤが妊娠《にんしん》したころ、自分《じぶん》も赤《あか》ちゃんを産《う》んだ。マヤの出産《しゅっさん》が、自分《じぶん》のときとかさなり感動《かんどう》してしまったのだ。

(命《いのち》の誕生《たんじょう》は、なんて尊《たっと》いんだろう。)

かくれて涙《なみだ》をふいていたのに、河津課長《かわづかちょう》や眞鍋《まなべ》にはすっかりばれていた。

赤《あか》ちゃんは母乳《ぼにゅう》を飲《の》めるようになったものの、眞鍋《まなべ》には気《き》になることがあった。ベテランの眞鍋《まなべ》は、マヤがユマを育《そだ》てたときも見《み》ていた。しかし、そのときにくらべて、母乳《ぼにゅう》を飲《の》んでいる時間《じかん》も、飲《の》みに行《い》く回数《かいすう》も少《すく》ない気《き》がするのだ。

（気《き》のせいだろうか。ううん、そんなことない。）

まよっている時間《じかん》はない。判断《はんだん》がおくれたら赤《あか》ちゃんの命《いのち》にかかわる。

すぐにユマが生《う》まれたときの記録《きろく》を見《み》る。すると、一時間《じかん》に数回《すうかい》、母乳《ぼにゅう》を飲《の》んでいる。

さらに、その回数《かいすう》は日《ひ》がたつにつれてふえている。

ところが、目《め》の前《まえ》にいる赤《あか》ちゃんが飲《の》みに行《い》く回数《かいすう》はへっているのだ。マヤの乳首《ちくび》をすっている時間《じかん》もあきらかに短《みじか》い。

眞鍋《まなべ》は、すぐにマナティー館《かん》にようすを見《み》に行《い》った。そのときだ。マヤが、わずかに、母乳《ぼにゅう》をあげるのをいやがるようなしぐさを見《み》せた。ほんのわずかな動《うご》き。でも、眞鍋《まなべ》にはそのちがいが、はっきりとわかった。

眞鍋《まなべ》は動物健康管理室《どうぶつけんこうかんりしつ》に行《い》き、小畑《おばた》に相談《そうだん》した。

「赤《あか》ちゃん、乳首《ちくび》をくわえるんですけれど、すぐにはなしてしまうんです。母乳《ぼにゅう》、ちゃんと飲《の》めていないかもしれない。赤《あか》ちゃん、やせてきていませんか？」

眞鍋《まなべ》は、自分《じぶん》が感《かん》じている違和感《いわかん》を説明《せつめい》する。

二人《ふたり》ですぐに水中観察室《すいちゅうかんさつしつ》に行《い》き、いっしょに赤《あか》ちゃんを見《み》る。

「ほら、生《う》まれたときよりも、おなかがへこんでシワがよっていますよね。」

たしかにおなかに、シワがある。

「ユマのときや、海外《かいがい》の例《れい》にくらべて、飲《の》む回数《かいすう》も時間《じかん》も少《すく》ないんです。」

「うまく飲《の》めていないのかもしれないですね。」

「それともお乳《ちち》が出《で》ていないとか。」

お乳《ちち》が出《で》ていないのなら、人工《じんこう》ミルクを飲《の》ませなければならない。

ただ、マヤは子育《こそだ》てをしないのではなく、赤《あか》ちゃんへの愛情《あいじょう》は感《かん》じられる。よりそうように泳《およ》いでいるのだ。

もし、うまく飲《の》めないだけならば、マヤの母乳《ぼにゅう》をしぼって、ほ乳瓶《にゅうびん》で赤《あか》ちゃんにあげられないだろうか。

母乳《ぼにゅう》が出《で》ているかどうか、マヤのおっぱいをしらべることになった。

植田獣医師《うえだじゅういし》がしぼってみると、右《みぎ》がほんの少《すこ》し出《で》ただけで、すぐに出《で》なくなる。左《ひだり》のおっぱいからは、まったく出《で》なかった。

「出《で》ないから、強《つよ》くすわれて痛《いた》くなる。それで、いやがったのか。」

よく見《み》るとおっぱいは、ほんの少《すこ》し炎症《えんしょう》をおこしていた。

母乳《ぼにゅう》をしぼることも、むずかしい。

いよいよ、人工《じんこう》ミルクで育《そだ》てるしかない。


人工《じんこう》ミルクへの切《き》りかえを、どう進《すす》めていくか。

会議《かいぎ》がはじまると眞鍋《まなべ》は、自分《じぶん》の思《おも》っていることを伝《つた》えた。

「どうにかして、母親《ははおや》のもとで育《そだ》っていくチャンスを作《つく》れないでしょうか。」

ここで、マヤから赤《あか》ちゃんをひきはなしてしまえば、マヤが育《そだ》てるチャンスを完全《かんぜん》にうばうことになる。

マヤは母乳《ぼにゅう》が出《で》ないだけで、赤《あか》ちゃんによりそうように泳《およ》ぐ。愛情《あいじょう》はあるのだ。それに、もしかしたら、また母乳《ぼにゅう》が出《で》るようになるかもしれない。

二頭《とう》を、完全《かんぜん》にひきはなすことは、どうしてもしたくなかった。

人工《じんこう》ミルクをあげつつ、母子《ぼし》をできるだけ、いっしょにすごさせるためには、どうしたらいいか。全員《ぜんいん》で、知恵《ちえ》を出《だ》しあう。そして、人工《じんこう》ミルクをあげる昼《ひる》のあいだだけ、赤《あか》ちゃんを育仔《いくじ》プールにうつし、夜《よる》はメインプールにいるマヤのもとに、もどしてはどうかということになった。

これをまず、一週間《しゅうかん》やる。そして、やせはじめている赤《あか》ちゃんに、人工《じんこう》ミルクをしっかり飲《の》んでもらう。赤《あか》ちゃんの体調《たいちょう》をととのえたら、ふたたび、一日中《いちにちじゅう》マヤといっしょにしてようすを見《み》る。マヤの母乳《ぼにゅう》が、また出《で》るようになるかもしれないからだ。

ただ、赤《あか》ちゃんを育仔《いくじ》プールにうつすためには、毎朝《まいあさ》、プールの水《みず》をぬいて、はこびださなければいけない。たくさんの飼育員《しいくいん》にかこまれておこなわれるこの作業《さぎょう》が、母子《ぼし》に悪《あく》影響《えいきょう》をあたえるのなら、赤《あか》ちゃんは、もう、マヤのもとにもどすことなく、育仔《いくじ》プールでずっとすごさせたほうがいい。

母子《ぼし》をはなればなれにしたくないけれど、なによりも優先《ゆうせん》しなければいけないのは、人《じん》工《こう》ミルクを飲《の》んでもらうことなのだ。

「赤《あか》ちゃんが、育仔《いくじ》プールでずっとすごすようになっても、ときどき、メインプールにもどして、母子《ぼし》がいっしょにいられる時間《じかん》を作《つく》りましょう。」

全員《ぜんいん》が、うなずいた。

昼《ひる》のあいだだけ人《ひと》の手《て》で育《そだ》てるという、はじめての挑戦《ちょうせん》がはじまった。

誕生《たんじょう》から十八日目《にちめ》。会議《かいぎ》で話《はな》しあった翌日《よくじつ》から、人工《じんこう》ミルクに切《き》りかえることになった。

雑菌《ざっきん》のはいらない場所《ばしょ》で、材料《ざいりょう》をきちんとはかって作《つく》れるように、動物健康管理室《どうぶつけんこうかんりしつ》の小《お》畑《ばた》たちが人工《じんこう》ミルク作《づく》りを担当《たんとう》する。

「ほ乳瓶《にゅうびん》は、ミルクを入《い》れる前《まえ》に消毒《しょうどく》したほうがいいんですか?」

「人間《にんげん》の赤《あか》ちゃんのときは、消毒《しょうどく》しますからね。やっておきましょう。」

飼育員《しいくいん》の深川《ふかがわ》が用意《ようい》した、人工《じんこう》ミルクのレシピと材料《ざいりょう》。小畑《おばた》はレシピどおり、一つずつしっかりとはかり、人工《じんこう》ミルクを作《つく》っていく。

赤《あか》ちゃんは、メインプールのわきにある、水深《すいしん》の浅《あさ》い育仔《いくじ》プールにはこばれた。

赤《あか》ちゃんとはいえ、体重《たいじゅう》は三十キログラムをこえている。水《みず》のなかなので、重《おも》さはそんなに感《かん》じないけれど、人《ひと》を怖《こわ》がっていやがるかもしれない。だきかかえている深川《ふかがわ》のそばに、植田獣医師《うえだじゅういし》もついた。

ほ乳瓶《にゅうびん》は、ウシ用《よう》とヤギ用《よう》をそろえてある。

最初《さいしょ》は、ほ乳瓶《にゅうびん》よりも、口《くち》のなかにしっかりと入《い》れられる細《ほそ》いチューブのほうがいいかもしれないと考《かんが》え、チューブからためしてみる。

眞鍋《まなべ》が、赤《あか》ちゃんにチューブをくわえさせる。けれど、なにをされているのかわからない赤《あか》ちゃんは、チューブをいやがるように、口《くち》のなかでもごもごと動《うご》かしてしまう。

眞鍋《まなべ》は自分《じぶん》の指《ゆび》にミルクをつけ、赤《あか》ちゃんの口《くち》に入《い》れてみた。

すると、赤《あか》ちゃんは、ちゅっちゅっと眞鍋《まなべ》の指《ゆび》をすってくる。

眞鍋《まなべ》は、もういちど、チューブをくわえさせる。

(これが、ミルクだとわかってほしい。)

チューブからミルクを流《なが》しこむ。のどの奥《おく》ではなく、口《くち》の手前《てまえ》のほう。むりに飲《の》みこませるのではなく、自分《じぶん》で飲《の》みこめるあたりだ。すると、ミルクだと、わかったのかもしれない。こんどは少《すこ》しだけ飲《の》みこんだ。

「ほ乳瓶《にゅうびん》にしてみましょう。」

眞鍋《まなべ》はすぐに判断《はんだん》して、ヤギ用《よう》のほ乳瓶《にゅうびん》にとりかえる。

こんどは、乳首《ちくび》がやわらかくて口《くち》のなかに入《い》れにくい。けれど、しばらくすると赤《あか》ちゃんは乳首《ちくび》をくわえてすいはじめた。口元《くちもと》からこぼしてしまうものの、ちゃんとすっている。

（これならだいじょうぶ。きっと、しっかり人工《じんこう》ミルクを飲《の》めるようになる。）

眞鍋《まなべ》は、手《て》ごたえを感《かん》じていた。

眞鍋《まなべ》たちが、人工《じんこう》ミルクをあげているあいだ、小畑《おばた》たち、動物健康管理室《どうぶつけんこうかんりしつ》のスタッフの大切《たいせつ》な仕事《しごと》は、データをとることだ。

育仔《いくじ》プールに移動《いどう》させるときは、朝《あさ》と夕方《ゆうがた》で体重《たいじゅう》のちがいを記録《きろく》する。

飲《の》む前《まえ》と飲《の》みおわったあとの、ほ乳瓶《にゅうびん》の重《おも》さをはかり、どのくらい飲《の》んだのかをしらべる。

赤《あか》ちゃんは、何秒《なんびょう》おきに呼吸《こきゅう》をしているか、飲《の》むようすはどうかなども。

マナティーは、出産《しゅっさん》はもちろん、人工《じんこう》ミルクも育仔《いくじ》も世界的《せかいてき》にデータが少《すく》ない。一つでもデータをとって残《のこ》しておくのだ。

赤《あか》ちゃんは、人工《じんこう》ミルクをうけいれてくれた。次《つぎ》は、どうすれば口元《くちもと》からこぼさず、もっとたくさん飲《の》んでくれるようになるかだ。

問題《もんだい》は、乳首《ちくび》だった。ヤギ用《よう》の乳首《ちくび》はミルクの出《で》てくる穴《あな》が小《ちい》さいために、すってもうまく出《で》てこないのかもしれない。

眞鍋《まなべ》は、小畑《おばた》に相談《そうだん》してみた。

「乳首《ちくび》の穴《あな》を大《おお》きくしたら、ミルクが出《で》やすくなると思《おも》うんです。」

小畑《おばた》は、眞鍋《まなべ》がもってきた乳首《ちくび》の、ミルクが出《で》る穴《あな》をじっと見《み》つめる。

「ちょっとだけ、切《き》ってみましょうか。」

そういって、よく切《き》れそうなハサミをとりだした。

「あの、小畑《おばた》さん。今《いま》、これしか乳首《ちくび》がないので……。」

「えっ。」

つまり、失敗《しっぱい》できないということだ。

小畑《おばた》は、ほんの少《すこ》しだけ穴《あな》に切《き》りこみを入《い》れてみた。しかし、穴《あな》の大《おお》きさがあまり変《か》わらなかったせいか、赤《あか》ちゃんの飲《の》みかたはほとんど変《か》わらない。

少《すこ》しずつ、少《すこ》しずつ、穴《あな》を大《おお》きくしてみるけれど、やはり口元《くちもと》からこぼしてしまう。

みんなで相談《そうだん》して、酪農用《らくのうよう》のほ乳器具《にゅうきぐ》カタログをとりよせてみた。

長《なが》さや太《ふと》さがちがう乳首《ちくび》の写真《しゃしん》がずらりとならんでいる。よさそうなものをとりよせて、ためしてみるものの、やはり、なかなか思《おも》うように飲《の》んでくれない。

早《はや》く、いい乳首《ちくび》を見《み》つけなければ。

そんななか、買《か》っておいた人工《じんこう》ミルクの材料《ざいりょう》が少《すく》なくなってきた。

店《みせ》に買《か》いに行《い》くと、あるはずの材料《ざいりょう》が見《み》あたらない。たずねると、とりよせるには時間《じかん》がかかるという。新型《しんがた》コロナウイルス感染症《かんせんしょう》のせいで沖縄《おきなわ》には物資《ぶっし》がとどかず、いろいろな物《もの》が足《た》りなくなっていたのである。

「ぼく、材料探《ざいりょうさが》しの旅《たび》に行《い》ってきます！」

飼育員《しいくいん》の深川《ふかがわ》は、そういってクルマで沖縄中《おきなわじゅう》を走《はし》りまわった。

植田獣医師《うえだじゅういし》は、近《ちか》くにある動物園《どうぶつえん》に連絡《れんらく》をする。

「少《すこ》しだけ、わけてもらえるらしい。行《い》ってくる！」

植田獣医師《うえだじゅういし》も、クルマを走《はし》らせる。

赤《あか》ちゃんの緊急事態《きんきゅうじたい》に、河津課長《かわづかちょう》も声《こえ》をあげた。

「おれも探《さが》すぞ。なにがほしいかいってくれ！」

河津課長《かわづかちょう》は、沖縄《おきなわ》にあるホームセンターや、ペットショップなど、人工《じんこう》ミルクの材料《ざいりょう》がありそうなところに、かたっぱしから電話《でんわ》をかける。

「今《いま》、電話《でんわ》したところに、少《すこ》しあるっていうから行《い》ってくる。あと、農協《のうきょう》に乳首《ちくび》があるはずだから探《さが》してくる！」

河津課長《かわづかちょう》も、クルマを走《はし》らせる。

獣医師《じゅういし》だから。課長《かちょう》だから。担当《たんとう》じゃないから。そんなことをいっている場合《ばあい》ではない。できる人《ひと》が、できることをやる。赤《あか》ちゃんの命《いのち》がかかっているのだ。それも、まったなしだ。


乳首《ちくび》は、なかなかいいものが見《み》つからない。ちゃんと飲《の》んで、体力《たいりょく》をつけさせなければ死《し》んでしまうかもしれない。眞鍋《まなべ》は、飲《の》まない理由《りゆう》は、ほかにもあるのではないかと考《かんが》えた。

（もしかしたら、ミルクの温度《おんど》も関係《かんけい》しているのかも。）

「小畑《おばた》さん、赤《あか》ちゃんのミルク、何度《なんど》くらいにあたためていますか？」

眞鍋《まなべ》は、人工《じんこう》ミルクを作《つく》る小畑《おばた》にたずねてみた。

「三十六度《ど》から三十七度《ど》のあいだです。マナティーもほ乳類《にゅうるい》だから、人《ひと》のミルクとおなじくらいの温度《おんど》だと思《おも》うんですよ。」

しかし、三十六度《ど》の人工《じんこう》ミルクを飲《の》ませようとすると、赤《あか》ちゃんはびっくりしたようにあたまをのけぞらせて、なかなか飲《の》もうとしない。

（温度《おんど》が高《たか》いのかな。マナティーは水《みず》のなかにいるから、母乳《ぼにゅう》の温度《おんど》はもう少《すこ》し低《ひく》いのかもしれない。）

眞鍋《まなべ》はそう考《かんが》え、低《ひく》めの温度《おんど》から少《すこ》しずつ温度《おんど》を上《あ》げてみることにした。

すると、三十四度《ど》〜三十四・五度《ど》のときにスムーズに飲《の》むではないか。

びっくりしたようすもなく、一気《いっき》に飲《の》んでいく。

（見《み》つけた！　この温度《おんど》だ。やっぱり温度《おんど》も関係《かんけい》しているんだ。）

さらに、ほ乳瓶《にゅうびん》の内《うち》がわにくふうをして、ミルクが出《で》やすくしてみる。

小畑《おばた》が、ミルクが出《で》やすくなるように切《き》っていたヤギ用《よう》の乳首《ちくび》も、さらに改良《かいりょう》するうちに、赤《あか》ちゃんはじょうずに飲《の》めるようになってきた。

少《すこ》しずつ、体重《たいじゅう》もふえてきた。

昼《ひる》のあいだは赤《あか》ちゃんがいなくなり、マヤは最初《さいしょ》の数日《すうじつ》は、おちつきがなくなったけれど、夜《よる》、赤《あか》ちゃんをメインプールにもどすと、ずっとよりそってすごしている。

夜《よる》だけでもいっしょにすごせるので、母子《ぼし》の関係《かんけい》はうまくいっているようだ。

人工《じんこう》ミルクにしてから一週間《しゅうかん》たったところで、赤《あか》ちゃんを育仔《いくじ》プールにうつさず、メインプールで、マヤの母乳《ぼにゅう》を飲《の》むかどうかようすを見《み》た。けれど、赤《あか》ちゃんはうまく飲《の》めなかった。

さまざまなくふうをかさねたすえ、ミルクをよく飲《の》むようになったマナティーの赤《あか》ちゃん。

やはり、昼間《ひるま》は育仔《いくじ》プールにうつして、人工《じんこう》ミルクで育《そだ》てなくてはならない。

七月《がつ》もおわりに近《ちか》づいてきた。赤《あか》ちゃんは、人工《じんこう》ミルクをよく飲《の》むようになり、ほっとしたのもつかのま、こんどは便《べん》が出《で》なくなった。

おなかが苦《くる》しいのか痛《いた》いのか、赤《あか》ちゃんは人工《じんこう》ミルクもいやがるようになる。

「島本《しまもと》さん。赤《あか》ちゃん、便《べん》が出《で》ていないんです。」

海獣課《かいじゅうか》の動物健康管理室《どうぶつけんこうかんりしつ》で小畑《おばた》が伝《つた》えると、島本獣医師《しまもとじゅういし》は表情《ひょうじょう》を変《か》えずにいった。

「草食動物《そうしょくどうぶつ》は、便秘《べんぴ》で死《し》ぬこともあるんですよ。」

死《し》！

小畑《おばた》はその言葉《ことば》をきいて、急《きゅう》に怖《こわ》くなった。動物《どうぶつ》の命《いのち》は、自分《じぶん》たちの行動《こうどう》にかかっているると、あらためてつきつけられる。

なんとしても、便《べん》を出《だ》させなければならない。

「浣腸《かんちょう》（おしりから薬《くすり》を入《い》れること）を、してみましょうか。」

島本獣医師《しまもとじゅういし》はそういってみたものの、どんな薬《くすり》をどのくらい使《つか》ったらいいのか、よくわからない。最新《さいしん》の情報《じょうほう》を、大至急《だいしきゅう》あつめていく。

海外《かいがい》に留学《りゅうがく》したことのある大学時代《だいがくじだい》の友人《ゆうじん》に連絡《れんらく》して、くわしい獣医師《じゅういし》を紹介《しょうかい》してもらう。英語《えいご》でメールを送《おく》ると、すぐに返事《へんじ》がかえってきた。

獣医師《じゅういし》たちは、自分《じぶん》が知《し》っている情報《じょうほう》をおしみなく伝《つた》えあう。みんな、どこにいても動物《どうぶつ》をすくいたいのだ。ただ、その獣医師《じゅういし》の経験《けいけん》が、そのまま、美《ちゅ》ら海水族館《うみすいぞくかん》の赤《あか》ちゃんにもあてはまるとはかぎらない。島本獣医師《しまもとじゅういし》は、さらに海外《かいがい》の論文《ろんぶん》などをしらべていく。

植田獣医師《うえだじゅういし》と相談《そうだん》し、腸《ちょう》のなかに、ほんとうに便《べん》がたまっているのかどうか、エコー検査《けんさ》でたしかめてみることになった。

ディスプレイにうつしだされた画像《がぞう》には、腸《ちょう》のなかに、一〜二センチメートルくらいの丸《まる》いころころとしたものが、たくさんつまっている。マナティーの赤《あか》ちゃんの便《べん》は、ふだんはやわらかく、練《ね》りハミガキのようなかんじなので、あきらかに便秘《べんぴ》だ。

「やっぱり。」

赤《あか》ちゃんはまだ体力《たいりょく》がないので、できるだけ薬《くすり》は飲《の》ませたくない。

浣腸《かんちょう》をすることにしたものの、データが少《すく》なすぎて、赤《あか》ちゃんマナティーにどのくらいの量《りょう》の薬《くすり》を、肛門《こうもん》からどのくらい奥《おく》まで入《い》れればきくのかわからない。どのくらいの危険《きけん》があるのかも、わからないのだ。

植田獣医師《うえだじゅういし》は、大胆《だいたん》にいくタイプだ。やるならしっかりやらないと、気《き》やすめにしかならないからだ。ぎゃくに、島本獣医師《しまもとじゅういし》は慎重派《しんちょうは》だ。

「最初《さいしょ》は、肛門《こうもん》のあたりに少《すこ》しだけのほうがいいと思《おも》います。」

二人《ふたり》が話《はな》しあい、赤《あか》ちゃんであることを考《かんが》えて少《すこ》しずつやることになった。

飼育員《しいくいん》の深川《ふかがわ》は、人工《じんこう》ミルクの材料《ざいりょう》について教《おし》えてくれた海外《かいがい》の大学《だいがく》の先生《せんせい》にふたたび連絡《れんらく》をとり、ミルクの材料《ざいりょう》を変《か》えてみることにした。

眞鍋《まなべ》は、なぜ、人工《じんこう》ミルクだと便秘《べんぴ》になるのかをしらべはじめた。

じつは、人工《じんこう》ミルクで飼育《しいく》している動物《どうぶつ》は、げりや便秘《べんぴ》になりやすいといわれているのだ。

（人間《にんげん》も、粉《こな》ミルクだとそうなるのだろうか。母乳《ぼにゅう》となにが、ちがうんだろう。）

すると、人間《にんげん》の母親《ははおや》は赤《あか》ちゃんの成長《せいちょう》にあわせて、母乳《ぼにゅう》の〝成分《せいぶん》の濃《こ》さ〟を自然《しぜん》に変《か》えていくという。この〝濃《こ》さ〟というのがポイントで、これが赤《あか》ちゃんの成長《せいちょう》にあわないと、げりをしたり便秘《べんぴ》になったりするのだ。

「小畑《おばた》さん、母親《ははおや》ってすごい！」

「人工《じんこう》ミルクも、〝濃《こ》さ〟の調整《ちょうせい》をしていきましょう！」

小畑《おばた》たちは、人工《じんこう》ミルクに入《い》れる材料《ざいりょう》の〝濃《こ》さ〟を一つひとつしらべていく。

「これとこれを、このくらい人工《じんこう》ミルクに入《い》れれば、今《いま》の赤《あか》ちゃんに〝ちょうどいい濃《こ》さ〟になるはず。」

ただ、計算《けいさん》ではうまくいくのに、そのとおりにまぜあわせても思《おも》うようにならない。

なんどもはかり、作《つく》り、またはかるのくりかえしだ。

さらに眞鍋《まなべ》は、マッサージを提案《ていあん》した。赤《あか》ちゃんのおなかを、手《て》のひらや指《ゆび》でさするのである。

マナティーのひふは、ゴム製《せい》のバスケットボールのように表面《ひょうめん》にポコポコとした小《ち》さな凹凸《おうとつ》があり、しかも皮《かわ》がぶあつい。まるで野球《やきゅう》のグローブをおしているみたいだ。

全員《ぜんいん》が、けんめいに努力《どりょく》をつづけていく。すると、ついに、小《ち》さな便《べん》が出《で》てきた。

「出《で》てきた！」

すぐにスプーンで、すくいあげる。

その後《ご》も眞鍋《まなべ》は、毎日《まいにち》、マッサージをしつづけた。指《ゆび》も手首《てくび》も痛《いた》くて、お茶《ちゃ》わんももてないほどだけれど、マッサージをすると赤《あか》ちゃんは少《すこ》しだけ便《べん》やガスを出《だ》してくれる。ガスを出《だ》すと、ミルクも飲《の》んでくれる。

そのうち、出《で》てくる便《べん》の量《りょう》が増《ふ》えてきた。少《すこ》しずつ、やわらかいふつうの便《べん》が出《で》るようになってきた。

眞鍋《まなべ》のマッサージはよほどきもちいいらしく、赤《あか》ちゃんは便秘《べんぴ》がなおったあとも、自分《じぶん》であおむけになってマッサージをまつようになるほどだった。


赤《あか》ちゃんの体重《たいじゅう》が、少《すこ》しずつふえてきた。

生《う》まれてから二か月《げつ》がたったころから、人工《じんこう》ミルクのなかに、すりつぶした野菜《やさい》やくだものをまぜていく。離乳食《りにゅうしょく》である。

さらに、野菜《やさい》もそのまま食《た》べるようになってきた。

ウシやヤギなどの家畜《かちく》は、野菜《やさい》を食《た》べるようになると体重《たいじゅう》もぐんぐんふえるという。

どんな野菜《やさい》なら、よく食《た》べるのか。できるだけいろいろな野菜《やさい》を食《た》べてほしい。たくさん食《た》べて、元気《げんき》に育《そだ》ってほしい。

眞鍋《まなべ》も深川《ふかがわ》も、マナティーが食《た》べてもいい野菜《やさい》をしらべ、選《えら》んだ野菜《やさい》を育仔《いくじ》プールにうかべてみる。休《やす》みの日《ひ》には、二人《ふたり》ともそれぞれスーパーに出《で》かけるたびに、これは食《た》べるだろうか、これは好《す》きかもしれないと、いつも赤《あか》ちゃんのことを考《かんが》えてしまう。

動物健康管理室《どうぶつけんこうかんりしつ》の小畑《おばた》たちは、野菜《やさい》やくだものをミルクにまぜているときから、その日《ひ》に使《つか》った野菜《やさい》をすりつぶし、顕微鏡《けんびきょう》で見《み》て写真《しゃしん》をとっていった。

赤《あか》ちゃんが出《だ》した便《べん》も、顕微鏡《けんびきょう》で見《み》て写真《しゃしん》をとり、なにが消化《しょうか》され、なにが消化《しょうか》されずに出《で》てきているのか確認《かくにん》していく。

赤《あか》ちゃんの健康《けんこう》のために。そして、次《つぎ》につながるデータを残《のこ》していくために。水族館《すいぞくかん》だからできること。一つずつ、確実《かくじつ》にデータをとって次《つぎ》につなげるのだ。

大切《たいせつ》なのは、うまくいった話《はなし》だけでなく、失敗《しっぱい》したこともすべて伝《つた》えること。失敗《しっぱい》にこそ真実《しんじつ》があり、くりかえしてはいけない情報《じょうほう》がつまっているのである。

生《う》まれてから三か月《げつ》。赤《あか》ちゃんの人《ひと》ならしの訓練《くんれん》がはじまった。

今《いま》は育仔《いくじ》プールで、だきあげて人工《じんこう》ミルクをあげているものの、赤《あか》ちゃんは人間《にんげん》を怖《こわ》がって、にげまわることが多《おお》い。これをなんとかしなくてはいけない。

毎日《まいにち》、水《みず》をぬいて育仔《いくじ》プールにはこびだすことは、飼育員《しいくいん》たちはもちろん、赤《あか》ちゃんにとっても、マヤにとっても大変《たいへん》なのだ。プールサイドで飼育員《しいくいん》がよんだら、近《ちか》くにくるよう訓練《くんれん》すれば、育仔《いくじ》プールにうつすことなく人工《じんこう》ミルクをあげられるようになる。

ウェットスーツに着《き》がえた眞鍋《まなべ》が、育仔《いくじ》プールで赤《あか》ちゃんと目線《めせん》の高《たか》さをあわせるように水《みず》のなかにしゃがむ。

以前《いぜん》、イルカの飼育《しいく》を担当《たんとう》していた眞鍋《まなべ》は、保護《ほご》したばかりの野生《やせい》イルカを訓練《くんれん》するときの、タッチ&《アンド》フィード（さわる&《アンド》餌《えさ》をあげる）をやってみた。

ちょっとさわらせてくれたら、餌《えさ》の野菜《やさい》をあげる。これを、こつこつとくりかえす。

これまで、レタス、キャベツ、白菜《はくさい》、カボチャ、小松菜《こまつな》、紅《べに》イモ、ニンジンなど、さまざまな野菜《やさい》を食《た》べさせていたのだが、赤《あか》ちゃんは、バナナとヨモギが好《す》きだということがわかった。とくにヨモギは、眞鍋《まなべ》が、あたまの上《うえ》にヨモギをのせて少《すこ》しずつあたえていると、あたまめがけてよじのぼってくるくらいだ。沖縄《おきなわ》の、フーチバーとよばれるにがみが少《すく》ないヨモギは、人《ひと》ならしの訓練《くんれん》に大活躍《だいかつやく》である。

あれほどにげまわっていた赤《あか》ちゃんが、眞鍋《まなべ》にすりよってくるようになった。そのうち赤《あか》ちゃんは、餌《えさ》がなくても自分《じぶん》からよってきて、だきついてくるまでになる。

これでもう、プールサイドから人工《じんこう》ミルクを飲《の》ませることができる。一日中《いちにちじゅう》、赤《あか》ちゃんとマヤをいっしょのプールですごさせてあげられるのだ。

誕生《たんじょう》から四か月《げつ》たった、十月《がつ》十五日《にち》。

ついに、赤《あか》ちゃんを紹介《しょうかい》できる日《ひ》がやってきた。一般公開《いっぱんこうかい》である。

「かわいい！」

「ちっちゃい！」

水中観察室《すいちゅうかんさつしつ》にいる観客《かんきゃく》から、声《こえ》があがる。

母乳《ぼにゅう》が飲《の》めなかった三日間《みっかかん》。人工《じんこう》ミルクを探《さが》して走《はし》りまわった日々《ひび》。便《べん》が出《で》なくて、死《し》んでしまうかもと心配《しんぱい》もした。

でも、もうだいじょうぶ。元気《げんき》に育《そだ》ったすがたを、たくさんの人《ひと》に見《み》てもらいたい。

赤《あか》ちゃんの名前《なまえ》を、多《おお》くの人《ひと》に考《かんが》えてもらいたいと募集《ぼしゅう》をすると、三千件《けん》をこえる名前《なまえ》の候補《こうほ》がよせられた。

赤《あか》ちゃんが生《う》まれて一歳《さい》の誕生日《たんじょうび》に、選《えら》ばれた名前《なまえ》は、キュウ。

お父《とう》さんのリュウは、琉球王国《りゅうきゅうおうこく》の『琉《りゅう》』からもらったもの。

キュウは、琉球《りゅうきゅう》の『球《きゅう》』だ。そして、玉《たま》のように丸《まる》く世界《せかい》をしあわせでつなぎ、愛《あい》される存在《そんざい》になってほしいというねがいがこめられている。

エピローグ

海《うみ》にすむ生《い》き物《もの》には、まだ、わからないことがたくさんある。

沖縄美《おきなわちゅ》ら海水族館《うみすいぞくかん》では、これからも、毎日《まいにち》の飼育《しいく》や健康管理《けんこうかんり》、さまざまな研究《けんきゅう》をつづけ、身《み》につけた世界初《せかいはつ》の技術《ぎじゅつ》や知識《ちしき》をいかしながら、動物健康管理室《どうぶつけんこうかんりしつ》のスタッフ、飼育《しいく》員《いん》、研究者《けんきゅうしゃ》が一つのチームとなって、野生動物《やせいどうぶつ》や海《うみ》にすむ生《い》き物《もの》の治療《ちりょう》や保護《ほご》をおこなっていく。

沖縄美《おきなわちゅ》ら海水族館《うみすいぞくかん》が目指《めざ》しているのは、人《ひと》と自然《しぜん》が調和《ちょうわ》した世界《せかい》を、未来《みらい》につなげていくことなのである。

あとがき

私《わたし》がはじめて沖縄美《おきなわちゅ》ら海水族館《うみすいぞくかん》に行《い》ったのは、二〇〇四年《ねん》六月《がつ》のことです。

病気《びょうき》で尾《お》びれのほとんどを失《うしな》い、泳《およ》げなくなったイルカがいる。ブリヂストンが、人工《じんこう》尾《お》びれを開発《かいはつ》している。そうきいて、いてもたってもいられなくなり、東京《とうきょう》から飛行機《ひこうき》にのってバンドウイルカのフジに会《あ》いに行《い》きました。

水族館《すいぞくかん》につき、どきどきしながらイルカプールにむかうと、飼育員《しいくいん》の古網雅也《こあみまさや》さんが、フジに人工尾《じんこうお》びれをつけるための訓練《くんれん》をおこなっていました。青《あお》い空《そら》と青《あお》い海《うみ》。人《ひと》の手《て》のひらほどしかない、小《ちい》さな小《ちい》さなフジの尾《お》びれ。フジに会《あ》って、すぐに帰《かえ》るつもりだったのに、この光景《こうけい》を見《み》たとたん、この話《はなし》を多《おお》くの人《ひと》に伝《つた》えなければいけないというなぞの使《し》命感《めいかん》におそわれました。すぐに、人工尾《じんこうお》びれプロジェクトの責任者《せきにんしゃ》だという、長《なが》い金髪《きんぱつ》をうしろでポニーテールにし、サングラスをかけている、これまたなぞの獣医師《じゅういし》に本《ほん》を書《か》せてほしいとおねがいしました。それが、植田啓一獣医師《うえだけいいちじゅういし》でした。

突然《とつぜん》だったにもかかわらず、植田獣医師《うえだじゅういし》はすぐに海獣課《かいじゅうか》の宮原弘和課長《みやはらひろかずかちょう》（当時《とうじ》）に連絡《れんらく》をしてくれて、私《わたし》は宮原課長《みやはらかちょう》といっしょに館長室《かんちょうしつ》にむかいました。大《おお》きな目《め》でぎょろりとにらむ内田詮三初代館長《うちだせんぞうしょだいかんちょう》はものすごくおっかなくて、私《わたし》は生《う》まれてはじめてあしがふるえたことをおぼえています。

どうしても本《ほん》にしたい。そう伝《つた》えると内田館長《うちだかんちょう》は、低《ひく》い声《こえ》でひとこと「わかった。」といい、そのあと、動物《どうぶつ》を飼育《しいく》することの意味《いみ》、人《ひと》がチームではたらくことの大切《たいせつ》さなどをていねいに教《おし》えてくれました。そのときの貴重《きちょう》な言葉《ことば》の数々《かずかず》は、ノンフィクションを書《か》くときの基本《きほん》といえることだらけで、それは今《いま》も、私《わたし》が本《ほん》を書《か》くときの核《かく》になっています。

私《わたし》のはじめてのノンフィクション『もういちど宙《そら》へ』（講談社《こうだんしゃ》）は、こうしてできあがりました。さらにこの本《ほん》を、もっと多《おお》くの人《ひと》たちに読《よ》んでもらえるように書《か》きなおしたのが『しっぽをなくしたイルカ』（講談社青い鳥文庫《こうだんしゃあおいとりぶんこ》）です。

あの日《ひ》から、約《やく》二十年《ねん》がたちました。

チーム医療《いりょう》の大切《たいせつ》さを知《し》る植田獣医師《うえだじゅういし》は、少《すこ》しずつ仲間《なかま》をふやし、チームを大《おお》きくして今《いま》、動物健康管理室《どうぶつけんこうかんりしつ》の室長《しっちょう》として水族館《すいぞくかん》の生《い》き物《もの》たちの命《いのち》とむきあっています。

この本《ほん》を書《か》くにあたっては、その動物健康管理室《どうぶつけんこうかんりしつ》のスタッフと飼育員《しいくいん》の人《ひと》たちがいっしょになり、生《い》き物《もの》の健康《けんこう》を管理《かんり》するという、ふだん見《み》ることのできない水族館《すいぞくかん》の裏《うら》がわを取材《しゅざい》させてもらうと同時《どうじ》に、美《ちゅ》ら海水族館《うみすいぞくかん》ならではの、未来《みらい》の命《いのち》を守《まも》るための研究《けんきゅう》についても話《はなし》をうかがいました。一分一秒《いっぷんいちびょう》が貴重《きちょう》な現場《げんば》で、取材中《しゅざいちゅう》、そして執筆中《しっぴつちゅう》にも多《おお》くの時間《じかん》をいただき、この場《ば》をお借《か》りしてあらためてお礼《れい》を申《もう》し上《あ》げます。もし、事実《じじつ》と異《こと》なる部分《ぶぶん》がある場合《ばあい》は、すべて私《わたし》の力不足《ちからぶそく》によるもの、私《わたし》の責任《せきにん》です。

本《ほん》に登場《とうじょう》する佐藤統括《さとうとうかつ》、植田獣医師《うえだじゅういし》、河津課長《かわづかちょう》、松本課長《まつもとかちょう》は本名《ほんみょう》で、そのほかのみなさんは、仮名《かめい》で書《か》かせていただきました。本《ほん》に出《で》てくるだれかだけではなく、多《おお》くの人《ひと》たちがみんなでがんばっているためです。仮名《かめい》は、チームの全員《ぜんいん》を代表《だいひょう》した名前《なまえ》だと思《おも》ってください。また、佐藤統括《さとうとうかつ》など役職名《やくしょくめい》のある方《かた》は、取材《しゅざい》をさせていただいた二〇二三年《ねん》三月《がつ》時点《じてん》の役職名《やくしょくめい》で統一《とういつ》しています。何年《なんねん》もたつと、飼育員《しいくいん》から係長《かかりちょう》になり、さらに課長《かちょう》になるなどして、わけがわからなくなってしまうためです。この本《ほん》のなかで、〇年《ねん》〇月《がつ》と書《か》いていないものも、二〇二三年《ねん》三月《がつ》を基準《きじゅん》に書《か》いています。

文中《ぶんちゅう》、「体長《たいちょう》」と「全長《ぜんちょう》」という二つの言葉《ことば》が出《で》てきますが、「体長《たいちょう》」は、尾《お》びれを入《い》れない長《なが》さ、「全長《ぜんちょう》」は、尾《お》びれの先《さき》までの長《なが》さのこと。美《ちゅ》ら海水族館《うみすいぞくかん》では、ほ乳類《にゅうるい》は「体《たい》長《ちょう》」、魚類《ぎょるい》は「全長《ぜんちょう》」を使《つか》っているため、そのようにしました。

最後《さいご》に、世界初《せかいはつ》の大発見《だいはっけん》をいくつもしている、美《ちゅ》ら海水族館《うみすいぞくかん》のサメ博士《はかせ》のすてきな言葉《ことば》をシェアします。

『小中学生《しょうちゅうがくせい》は黄金期《おうごんき》。知《し》らないからこそ、新《あたら》しいことに気《き》づける。』

たくさん勉強《べんきょう》して、たくさんの知識《ちしき》を得《え》ることは大切《たいせつ》なことです。ただ、それはときに、先入観《せんにゅうかん》や思《おも》いこみとなって、新《あたら》しい発見《はっけん》に気《き》づけなくなることがあるのだそうです。

『知《し》らない＋《プラス》好奇心《こうきしん》』は、成長《せいちょう》や発見《はっけん》のための最強《さいきょう》の組《く》みあわせのようです。

私《わたし》はおとなになっていろんなことを知《し》ってしまったけれど、好奇心《こうきしん》だけは忘《わす》れずに、これからも、おもしろいと思《おも》ったものを追《お》いかけて本《ほん》にしていきたいと思《おも》います。

岩貞《いわさだ》るみこ

岩貞《いわさだ》るみこ

ノンフィクション作家、モータージャーナリスト。横浜市出身。おもな著書に、『しっぽをなくしたイルカ　沖縄美ら海水族館フジの物語』『ハチ公物語　待ちつづけた犬』「命をつなげ！　ドクターヘリ」シリーズ、『もしも病院に犬がいたら　こども病院ではたらく犬、ベイリー』『青い鳥文庫ができるまで』（以上、講談社青い鳥文庫）、『法律がわかる！　桃太郎こども裁判』（中川由賀　監修）、『世界でいちばん優しいロボット』『ガリガリ君ができるまで』（以上、講談社）などがある。

参考文献

海獣診療マニュアル 上巻・下巻（学窓社）

沖縄美ら海水族館が日本一になった理由（光文社）

沖縄美ら海水族館はなぜ役に立たない研究をするのか？（産業編集センター）

寝てもサメても 深層サメ学（産業編集センター）

サメってさいこう！（偕成社）

さめ先生が教える サメのひみつ10（ブックマン社）

取材協力

国営沖縄記念公園（海洋博公園）・沖縄美ら海水族館

株式会社ブリヂストン

写真提供

国営沖縄記念公園（海洋博公園）・沖縄美ら海水族館（P6, 11, 33, 40, 75, 83, 87, 94, 100, 104, 112, 121, 125, 130, 140, 152, 155, 161, 164, 181, 204, 214）

株式会社ブリヂストン（P48, 72）

こちら、沖縄《おきなわ》美《ちゅ》ら海《うみ》水族館《すいぞくかん》動物《どうぶつ》健康《けんこう》管理室《かんりしつ》。

世界一《せかいいち》の治療《ちりょう》をチームで目指《めざ》す

2024年６月17日　第１刷発行
2024年９月25日　第３刷発行

文————岩貞《いわさだ》るみこ
イラスト—サタケシュンスケ
装　幀——大岡喜直（next door design）
発行者——森田浩章
発行所——株式会社　講談社
東京都文京区音羽2-12-21　〒112-8001
電話　編集03-5395-3536
販売03-5395-3625
業務03-5395-3615
カバー・表紙——共同印刷株式会社
本文印刷——株式会社ＫＰＳプロダクツ
製本所——大口製本印刷株式会社
本文データ制作——講談社デジタル製作

※この本は書き下ろしです。

N.D.C.913 222p 20cm
ISBN978-4-06-535710-1